思考力・探究心・自己肯定感

AI時代
を生き抜く力を育む

子育て
30
の極意

日経ｘｗｏｍａｎ編

日経BP

はじめに

　AI（人工知能）の急速な発展などを背景に、社会構造が大きく変化しつつある中、今後は今ある仕事の大半がAIに置き換えられるともいわれています。そんな先行き不透明な未来において、わが子がたくましく生き抜いていくためには、家庭ではどのような学びをサポートし、どんな力を身に付けさせるべきなのか、迷っている人は少なくないのではないでしょうか。

　自身の親やママ友・パパ友にアドバイスを求めたり、インターネットを検索して役立つ情報を収集している人も多いでしょう。しかし、過去の経験則が当てはまらない場合もあることから、親や周囲の知人がいつも適切な助言をしてくれるとは限りません。また、ネットの情報は玉石混交であり、確かな情報を得ることは簡単ではありません。

　2013年11月に創刊した「日経xwoman DUAL」は、一貫して子育て家庭の悩みに寄り添う記事を発信してきました。特に、毎月連載している「年齢別記事」では、子どもの成長段階に合わせた情報を**各分野の第一線で活躍する専門家に徹底取材して深掘りし、最新の知見も踏まえて、分かりやすい言葉で届ける**

ことを心がけてきました。

　本書では、約10年にわたって発信してきた記事の中から、小学校低学年親向けの記事を中心に、特に人気の30本を厳選。一部に加筆や修正をして、収録しました。

　本書は、以下の6つのテーマに分けて構成しています。

Chapter Ⅰ	「生きる力」を育むために家庭でできること
Chapter Ⅱ	勉強面で悩んだら
Chapter Ⅲ	この先の受験・進路、どう考える?
Chapter Ⅳ	子どもの心配事・問題行動への処方箋
Chapter Ⅴ	子どもを伸ばす親子関係&コミュニケーション
Chapter Ⅵ	子どもの健康・発育に悩んだら

Chapter I では、AI時代が到来し、ますます不確実性が高まる中で、将来を切り開いていく子どもたちの「生きる力」を育むために家庭でできる取り組みや、注意点を紹介しています。「好奇心」「クリティカル・シンキング」「観察力」など、親が子どもに伸ばしてほしいと思う力の磨き方を解説します。

Chapter II では、学力向上のために家庭でできる取り組みを紹介します。語彙力の身に付け方や、漢字・計算や算数の文章題のつまずきへの対処法 などを解説するとともに、勉強への意欲の高め方についても提示しています。

Chapter III は、子どもが将来向き合うことになる「受験」に特化した内容に踏み込んでラインナップしています。「中学受験」をするかどうか、する場合は塾にいつから通うべきなのか、といった疑問に対する考え方を紹介。 むやみに焦り、「みんながするから、うちも」と、安易に中学受験や低学年からの塾通いを選ぶことによるリスクについても解説しています。

Chapter IV では、子どもに対して抱きがちな生活上の心配事や、問題行動に対する親の心構えに関する記事を揃えました。ダラダラする、自ら動かない、友達とのトラブル、学校への行き渋り など、どの家庭でも起こりうる事態の対処法を解説しています。

Chapter V では、親子の関係性やコミュニケーションの図り

方に関するおすすめ記事をご紹介します。一般に、子どもは成長するにつれて、友人関係などを広げていく一方で、親との関わりは薄くなるものですが、小学校低学年までの **親子関係がその後の子どもの人間関係の基盤になる** のは間違いありません。この時期に必要な親子のコミュニケーションのポイントを探っていきます。

Chapter Ⅵ では、子どもの健康や発育に焦点を当てました。**運動不足、低身長、低体温、視力低下** といった悩みへの対応策など、子どもの健やかな成長を実現するために知っておきたい内容をまとめています。

本書で紹介する30の記事は、それぞれで内容が完結しています。ざっと一読して大局観を養った後で、実際に不安や悩みが生まれるたびに該当する記事を読み返してみるというように、事典のような使い方をしてもらえればと考えています。

おもに小学校1〜3年生を育てる低学年親向けに掲載していた記事を中心に構成していますが、子どもの発育には個人差が大きく、未就学や小学校高学年以上のお子さんを育てている家庭にも役立つ内容ばかりです。ぜひ、子育てで迷うたびに本書を役立てていただければと願っています。

（日経xwoman編集部）

Contents

Chapter Ⅵ 子どもの健康・発育に悩んだら 243

Chapter I

「生きる力」を
育むために
家庭でできること

思考力、好奇心、観察力…。
先行き不透明なAI時代を
「生き抜く」ために
必要な力はどう身に付ける？

01 「厳しく育てる」が 正解とは限らない

桜美林大学准教授・小関俊祐さん

「そのままのわが子を受け入れ、のびのび育てる」と
「負荷をかけて鍛える」。子どもの生きる力を伸ばす
のはどっち？

一生、親が手を差しのべることはできない

わが子には失敗をしたり挫折を味わったりせず、のびのびと
育ってほしい――。そんなふうに考えて、子どもをそのまま受け
入れ、温かく包みこむような子育てを心がけている人は多いで
しょう。しかし、一方で子どもにとってあまりにも楽な環境を
親が与えすぎると、子どもが1人で生きていく力が付かないので
は、と心配になることもあるかもしれません。

いったい、子どもの生きる力を伸ばすには、「子どもをそのま
ま受け入れる」のと「負荷をかけて鍛える」のと、どちらが正し
いのでしょうか。桜美林大学リベラルアーツ学群准教授の小
関俊祐さんは**「どちらにしても、いつまでも親が手を差しのべ
られるわけではありません」**と指摘します。

**「特に小学校低学年のうちは必ずしも負荷をかけて鍛える必
要はありません。わが子に適した環境と声かけが大事** です」

大事なのはしっかり目をかけ、見守ること

「子どもをそのまま、受け入れるというと、何となく過保護に甘やかして育てる、というイメージを持つかもしれませんが、『しっかり目をかけて、見守る』ことが大事です。小学校低学年のうちは、あえて『負荷をかけて鍛える子育て』にシフトする必要はないと思います」

子どもをそのまま受け入れることのメリットは、何と言っても「子どもが安心できること」です。

「ここ数年は新型コロナウイルスの流行や集中豪雨、海外情勢の変化など、さまざまな出来事が起きています。そうした世界的な動きだけではなく、日常でも友達とケンカをした、先生に叱られた、大事なペットが死んだ…と、子どもがストレスにさらされることは少なくありません。そうしたときに親が『大丈夫だよ』と、しっかり守り、安心感を与えてあげることは、子どもの心の安定のために必要不可欠です。心が安定するからこそ、**子どもは遊びや勉強など、自分のすべきことに集中できる** のです」

ただし、一生親が見守り続けることはできません。「そのままのわが子を受け入れる」だけでは、親のサポートなしには困難を乗り越えられない子に育ってしまうリスクもあります。

「就活の内定辞退の電話を親がかける、といったこともあ

るようですが、さすがに社会に出たら、親が代わりに仕事をしてあげるわけにはいきませんよね。そのため、小学校低学年の子どもには、安心できる環境で育てることを基本にしつつ、**同時に自分で決めて行動する『セルフコントロール』ができるように導く** スタンスがおすすめです」

　それには、親の「待つ姿勢」が重要です。例えば子どもが友達とケンカをしたときには、親が先回りして「明日の朝一番にお友達に謝ろうね」などと解決策を教えるのではなく、「どうしたらいいと思う?」と尋ねて、子どもの自発的な発言を待つことも、時には必要となります。

　「もし、本当にどうしていいのか分からないようだったら、『ごめんねって言う? それとも、もう遊ばない?』『お互いに何がい

けなかったのかな？ ○○かな？ それとも△△かな？』と **子ど
もの成長や理解度に応じて選択肢を提示。子ども自身に選ば
せ、行動につなげるよう背中を押してあげる** といいでしょう」

　こうした「セルフコントロール力」は成長しても役立ちます。

　「子どもが成長するにつれ、大きな選択をすることが増えま
す。中学受験をするのか、高校や大学の志望校はどうするの
か…。そうした大きな選択ほど、親も何が正解か分からなくな
ります。親が決めかねて、子どもに『自分で決めなさい』と丸
投げすることも増えるのですが、子どももいきなり決めろと言
われても困りますよね。ぜひ、小さなうちから自分で決めて行
動に移せるように意識して導いてあげてください」

　子どもをそのまま受け入れるといっても、**「時と場合に応じて
叱ること」は必要** です。

　「絶対に叱らなくてはいけないのは、自分や他人を傷つけた
り、危ない目に遭わせたりしたとき。例えば、『左右をよく見な
いで道路に飛び出した』『マンションのベランダからわざと物を
落とした』『友達を殴った』などといったケースです。その場合
はしっかり『いけないことは、いけない』と叱ってください。そ
こさえ気をつけていれば、『厳しくしなくても大丈夫だろうか』
と心配しすぎる必要はないと思います」

負荷をかけることのメリットは？

　高学年にさしかかってきたら、習い事や勉強などで高い目標を設定するなど、ある程度の負荷をかける子育てにシフトしていくことも有効です。

　「負荷をかけることのメリットは、高い目標を達成したり、壁を自力で乗り越えることができたりしたときに子どもの自信につながる こと。その結果、セルフコントロール力も高まりますし、新たな課題に挑もうというチャレンジ精神も出てきます」

　注意点としては、どのぐらいの負荷がわが子に適しているかの見極めが難しく、**プレッシャーが強すぎる場合に子どもの心が折れてしまう** ことです。

　「厳しい環境を乗り越えられないとなると、子どもが自信を喪失してしまいます。ただ、今は乗り越えられなくても数年後、5年後、10年後には乗り越えられるかもしれない。親は負荷のレベルと子どもの成長度合いを慎重に見極めなくてはいけません。また、親はどうしてもわが子に求めるレベルが高くなりがちなので、過度な要求を押し付けていないかという点にも注意しましょう」

　鍛えるつもりでも、「結果が出るまで頑張れ」「結果が出ないのは、自分のせいだ」と子どもを責めることは、逆効果です。

　「子どもがうまくいかなくて悩んでいるときに、**親が追い詰めるようなことを言っては悪循環になってしまいます。** 例えば、習い事のスイミングで伸び悩んでいるのなら、『どうしたら昇級できるかな？』『ちょっとバタ足が弱いみたいだから、練習してみようか』などと提案してみる。テストの点数が悪かったら、『毎朝、早起きして勉強してみる？』『朝が難しいなら、学校から帰って、おやつを食べたら勉強しようか』と、何をどうすればスランプから脱出できるか、具体的な声かけをしてあげましょう」

> 元気になるパターンは？

　また、挑戦に失敗はつきもの。「子どもにある程度の負荷をかける場合は、**親は失敗を想定し、わが子が元気と勇気を回復しやすいパターンを把握** しておくことが大切」と小関さんは言います。

　「人にはそれぞれ、失敗したり、落ち込んだりしたときに回復しやすいパターンがあります。『外でたくさん遊ぶと元気になる』『おいしいものを食べるとエネルギーがチャージされる』子もいれば、『本を読むと気分転換になる』子もいるでしょう。わが子のパターンを把握しておけば、実際に子どもが失敗して落ち込んだときに、親はアウトドアに連れ出したり、好物を作ってあげたり、一緒に書店に出かけて好きな本を買ってあげたりと、その子に適した方法で回復をサポートすることができます」

低学年は親子の距離がまだ近いので、ぜひ、低学年のうちからわが子をよく観察して、リカバリーに有効なパターンを把握しておきましょう。

　また、子どもの「生きる力」を伸ばすには、**内面を育てるだけでは不十分。現実的なスキルを身に付けることも必要** です。これからどういう時代、どんな世界になろうと、「生きていくためのコア能力」は欠かせません。デジタルスキルの重要性は今後ますます高まり、母国語だけではなく外国語も話せるに越したことはないでしょう。

　「その上で **困ったことに直面したときには、まずは自分で解決策を考えてみる。** そして自分1人の力だけで解決できないときには、誰に相談したらよいかを適切に選択する力があれば、おおよその壁は乗り越えていけるはずです」

　「育て方」という表面的なことだけにとらわれず、「どんな大人になってほしいのか」という具体的なイメージを持ちながら子どもと接していくことが大事になってきます。

02 「問い」と「仮説」が好奇心を育てる

CURIO SCHOOL代表取締役・西山恵太さん

「深い思考」ができるようになるために大切なのは「好奇心」。好奇心の芽を育む「土壌」をつくるために親が知っておきたい4つのポイント

うちの子、好奇心旺盛じゃないのだけど……

「『うちの子は興味を持つものやテーマがないんですが…』といった相談を受けることがあります。例えば周囲に鉄道など何か1つのものにはまっているような『すごい子』がいると、親は焦ってしまうようです」。そう話すのは、CURIO SCHOOL代表取締役の西山恵太さん。西山さんはデザイン思考をベースとした小学生向けの教室を運営するほか、私立の中高一貫校などでも教育プログラムを提供しています。

「小さいときは必ずしも何かにどっぷりはまらなくてもいいと思います。**子どもによって何か夢中になれるものに『出合う』タイミングは異なります。** どこかのタイミングで出合うと思いますので、焦る必要はありません」

何かに出合うタイミングはそれぞれ異なるとしても、**「好奇心」がないと、せっかく出合ったときに、その「何か」を逃がしてしまうかもしれません。** 好奇心があまりないタイプだと、親

Chapter

I

生きる力

「問い」と「仮説」が好奇心を育てる

19

も少し心配になってしまいます。

　「焦る必要はないですが、深い思考のためにも好奇心は大事だと思います。自ら物事を深く考えるという段階にまで至るには、まず好奇心を育むというプロセスが大切です」

　では、好奇心を育むために、親が家庭でできることはあるのでしょうか。

　「生まれ持っての気質でとても好奇心旺盛な子はいますが、私の感覚では、それ以外の子に関しては、むしろ、環境による後天的な部分が大きいと考えています。つまり、**親など周囲の大人が子どもの好奇心を守れるか、に左右される** と思います。

　もともと子どもは『なんで?』『どうして?』という好奇心を持っているはずです。小さなことに疑問を持ち、『なんでなんで攻撃』をしてくる年齢が、未就学のころくらいにあったかと思います。ただ、親は忙しいので、その相手を全部できませんよね。『もうそれはいいから、早く食べて』などといったやり取りを繰り返していくうちに、好奇心がだんだん失われていくのかなと思います。

　好奇心の強い子の親御さんとお話しをすると、**親御さん自身が、子どものそうした好奇心を上手に守り、自分自身も楽しみながら子どもの問いに付き合ってきている** ケースが多いと感じています」

　好奇心を育むためには、「土壌」をつくっておくことが大事だと西山さんは指摘します。**「高学年と比べると、マインドが固まり切っていない低学年のうちは、土壌を育てるチャンス」**だと言う西山さんは、好奇心を育む「土壌」をつくるために親が心がけたい声かけや工夫などのポイントがあると言います。

好奇心の芽を育む「土壌」をつくるために親が知っておきたいこと

❶ 好奇心を育む土壌とは？

....

❷ 日常的に家庭で取り組める工夫は？

....

❸ 土壌づくりを阻む、親子間の「空気」を
　　切り替える方法は？

....

❹ 好奇心の芽を育む「土壌」づくり、
　　どれくらい続ければいい？

　好奇心を育む土壌づくりとは、「問いを立てたり、仮説を持ったりするという訓練をしておくこと」です。「この土壌づくりさえちゃんとしていれば、どこかのタイミングで、自分が夢中になれるものに出合うと思います」

　まず大事なのは、**子どもが発する「問い」をなるべく流さないこと** です。「例えば家にある家電製品について、『このボタ

ンはなぜここについているんだろう』というのは、とてもいい問いです。なるべくスルーしないで、『なんでだろうね』と興味を示し、『ここについていることで何かいいことがあるのかな』といった別の問いを投げかけて、その問いに対する仮説を立てることを促しましょう。

　親は忙しくて、すべての問いにじっくり向き合う時間はなかなかとれないかもしれませんが、もし子どもが何か問いを持っているなら、そのいくつかに対応するだけでも子どもの好奇心は変わってくるのだろうなと思います」

日常的に家庭で取り組める工夫は？

　子どもが問いを持っていない場合も、**大人から問いを与え、仮説を出し合う工夫をすれば、子どもはどんどん変わってきます。**

　「われわれの教室でも、私やスタッフが好奇心を見せて、さまざまな問いを投げかけたり、議論をしたりすることを繰り返していくうちに、子どもたちからも自然に問いが出てくるようになっていきます」

　「問いを立てる」「仮説を持つ」機会を得るために、お出かけなどに連れて行ったほうがいいのでしょうか。

　「もちろん子どもが興味のある分野の博物館などに行くのは

とてもいいと思います。ただ、あえてお出かけしなくても、**問い
を立てるポイントは身の回りにもたくさんあります。**例えば、
街中を歩いているときに『なぜあの男性はあそこに立っている
んだろう』というようなレベルで大丈夫です」

では、具体的にはどのようなことをするのがおすすめなので
しょう。

「親子で問いを立て合い、仮説を出し合います。**基本のク
エスチョンは『なんで?』『どうして?』**です。例えば、たばこ
のポイ捨てがたくさんある場所を通りかかったとします。子ど
もが『あれっ』と感じた瞬間をキャッチして、『ここだけたばこ
のポイ捨てが多いのはなぜだろう』などと問いかけます。

その答えにあたるのが『仮説』です。仮説といっても、高尚
なものではなくて、『こうなんじゃないか』といった**自分なりの
答えや推測**で十分です。子どもが何か答えたら、親も『もしか
してこういう理由もあるのかな』などと意見を言い、自分が考
えたことを語り合います。

こうした答えのない問いでは、大人も答えを知らないので問
いと仮説をお互いに出し続けられます。**正解にたどり着くこと
が目的ではなくて、対話のやり取りを活性化させることが目的**
です。周囲にあるものに対して日々疑問を持ち、その疑問につ
いて自分で仮説を立てていく。その土壌を育むことが1番の
狙いです。ですから、正解にたどり着く必要はありません」

マインドセットを切り替える

　こうした問いと仮説を親子間で取り入れる前にしておきたいのは「マインドセット」の切り替えです。**「常に正解を言わなきゃ」「分からないままにしてはいけない」という空気やマインドがあると、なかなか問いや仮説立てがうまくいきません。**

　「学校教育が変わりつつあるとはいえ、学校では多くの場面で正解が求められます。小学校に入って学年が上がるにつれ、そのマインドはどうしても強くなっていきます」

　子どものマインドセットを切り替えるため、実際に西山さん自身も工夫をしているとのこと。

　「子どもたちとの対話の中で、私も自分の考えを言いますが、『僕も意見は言うけど、僕も正解は分からない』と、それが正解ではないということを子どもたちにしっかり伝えています。

　『正解を言わなくてはいけない』と子どもが思っているなと感じた場合は、あえて、『それは違うだろう』と子どもに突っ込まれるような変な仮説を言うこともあります。それにより、子どもたちは『そういう仮説もありなんだ』と安心するんです。すると、**子どものマインドは『正解を言わなきゃ』から『正解を言わなくていいんだ』に変わります**」

　親子間でも、親は常に正解を言うものだと子どもは思いがち

です。「この意見は正解とは限らないよ」と前置きしたり、親があえて変な意見を言ったりして、そのマインドを崩すことがポイントです。また親子間で「常に正解を言わなきゃいけない」という空気が漂っている場合も、そうした一工夫で、子どもが意見を言いやすくなります。

「大人だから、子どもだからというのではなく、**子どもたちとフラットに話をしてお互いの意見をリスペクトし合う** ことが大事だと思っています」

言語化できない言葉は言い換えてあげる

対話をする中で子どもの意見を聞いていても、よく分からないというときもあります。

「そういうときは『もう少し詳しく教えて』と真摯に聞きます。すごくよく考えているのにうまく言語化できていなくて、伝えられていないのかもしれません。『それはどういうこと?』と聞いたり、『言いたいのは〇〇ってことかな』と言い換えたりすると、子どもも新しい言い方や伝え方を仕入れることができます。どの子の意見にもたいてい『なるほど』と思えるポイントはあるものです。それをしっかり見つけてあげるようにするといいでしょう」

そして、**この取り組みを1回で終わらせず、繰り返し続けることが大事** だと西山さんはアドバイスします。

では、具体的にどれくらい「問い」と「仮説」の取り組みを続けていけばいいのでしょう。

「**週1回でもいいので、3カ月は繰り返して続けてほしいですね。** うちの教室は、週に1回、だいたい3カ月通うと、あまり好奇心旺盛ではなかった子にも変化が見られます。親も忙しいと思いますが、例えば、仕事の休みの日だけでも親がモードを切り替えると決めてみる。3カ月ほど続ければ、子どもも変わるのではないかと思います。

ただし、年齢が上がるほど、好奇心を発揮するのに時間はかかる傾向にあります。3年生と6年生を比べると、6年生のほうがマインドは固まりがちなので、ときには半年や1年かかる場合もあります。それに比べると低学年は、まだまだリカバーしやすいと思います」

正解を出して終わりではない

「親子で仮説を出せるようになったら、**2つくらいの事象を組み合わせる** のもおすすめです。先ほどの『たばこのポイ捨てがここにだけたくさんあるのはなぜ』を例に考えてみましょう。対話していくうちに、『よくここに大人がたくさんいるのを目にする』となれば、『でも、あっちにも大人はたくさんいるけど、あっちにはたばこの吸い殻が少ないのはどうして?』などと関係がありそうな別の問いを出します。すると子どもは、さらに『なんでだろう』と考えます」

　次の段階として、**「情報を探す」ことを手助けする** こともときには必要かもしれません。

　「何か正解を見つけるためではなく、ちょっと見てみようか、くらいで大丈夫です。たばこの例で、『たばこってなんでゴミ箱に捨てないんだろう』『そもそもたばこを吸っている人ってどれくらいいるの?』などの問いが出てくれば、『じゃあ一緒に調べてみよう』と提案する。 **子どもが自分で調べるに越したことはないですが、意味が理解できなかったり情報にアクセスがしづらいことに関しては、『こんな情報あるよ』と手伝ってあげましょう。**

　その際、できれば、さらに『＋αの問い』が生まれる情報だといいですね。 従来の自由研究的発想だと、問いを立てる、調べる、結論を出す、で終わりだったかもしれませんが、結論を

出して終わりでは、なかなか子どもの好奇心は伸びないかもしれません。『問い＋仮説』『問い＋仮説』はずっと続いていくもの。**問いと仮説をさらに広げるために、情報を探すという視点を持つ** ことが大事です」

　正解を探すのではなく、次の問いを立てるために情報を調べるというマインドでいると親も気楽です。

　「出てきた情報に対して、『これはどういうことなんだろうね』と、また一緒に考えればいいんです。例えば、ポイ捨ての記事を読んで『こういう人もいるんだね』という話をしてもいいし、『海外はどうなっているの？』『海外でもポイ捨てが問題になっているけど、人類はみんなそうなの？』でもいい。

　そうしていくうちに子どもの中で別の興味が生まれていく可能性もあります。『たばこ』から始まった興味が、『リラックスに効果があるものって何だ？』などの新たな問いにつながり、コーヒーやお茶などの話に移っていくかもしれません。もちろんそのときは子どもの興味に親がのって、さらに問いと仮説を繰り返しながら話題を広げていく。それを続けていると、**問いを立てること、それに対して自分の考えを持つことが自然にできるようになり、結果的に好奇心や深く考える力も伸びていく** と思います」

03 地頭をよくする「観察力」の磨き方

教育デザインラボ代表理事・石田勝紀さん

目の前にあるものを観察・分析してパターンを見つけることが、あらゆるものに転用できる「思想の型」の入り口に

地頭のよさは、日々の習慣で身に付く

「地頭のいい子」というと、どんな子を思い浮かべますか?

勉強ができるというよりは、物事を論理的に考え、少ない労力で大きなアウトプットを生み出すイメージではないでしょうか?

「先天的に地頭のいい子というのはいます。そうした子は共通して、未就学児のうちから『勉強は何のためにやるの?』『人は何のために生きているの?』などと、哲学的な質問をしてきます。つまり、視座が高いんですね。普通の子が、山の1合目で目に入る木々や草を見ているとき、**地頭のいい子は、山の頂上から全体を俯瞰**しています。ですから、中学受験の勉強で過去問を解く際にも、全体を眺めてパターンを見抜き、すぐにコツをつかむのです」

こう話すのは、これまで4000人以上の子どもを指導し、成績向上に導いてきた教育デザインラボ代表理事、石田勝紀さんです。親としては、わが子をどうにか地頭のいい子にしたいと

思うかもしれません。後天的に「地頭のよさ」を身に付ける術はないのでしょうか。

　「**目の前にあるものをじっくり観察し、それを分析して自分なりのパターンを見つける**ことです。これは、あらゆるものに転用できる『思考の型』で、その入り口にあるのが観察力です。**親にできるのは、子どもが観察したくなるきっかけをつくり、そこから思考を深める『問い』を立てるサポート**をすることです」

　辞書によると「観察」とは、物事の状態や変化を客観的に注意深く見ること、とあります。しかし低学年の子どもの場合、その対象が「友達」などの狭い興味に限定されていることも少なくありません。まずは対象を広げて「興味を持たせる」声かけをしていく必要があるのです。

観察への興味を引き出す演出とは？

　何気ない風景を漠然と見ているように見えても、そこから多くの情報を得る子とそうではない子がいます。この違いが何かというと、観察力があるか、ないか。しかし、観察をするにはその前提として「興味を持つ必要がある」と石田さんは言います。そこで必要なのが、**特定のものに興味を持たせる声かけ**です。

　「例えば、水が100℃で沸騰するという事実がありますが、それを聞いただけでは何も面白くありません。しかし、子どもた

ちを台所へ連れて行き、透明のガラス容器に水を入れて火に
かけ、こう説明するとどうでしょうか?

　『この液体の水が今から、空気に変わります。よく見ると下
のほうに泡が出てきたね? もう少し大きくなると上に上がって
くるからよく見てみよう。ぽこってなったね。これが空気にな
る泡だよ』

　すると、子どもたちは『おおー!』と歓声を上げ、説明を受け
る前とは打って変わって、その状態や変化を観察し始めます」

　**ここまで上手に演出するのは難しくても、子どもの視点を
変えてあげることはちょっとした工夫でできる** ものです。

　「人には、『赤』と言われれば、自然と赤を探す性質があり
ます。例えば、駅までの道を歩く際には、道にコンビニがいく
つあるのか、どのコンビニが1番多いか、といった問いかけを
子どもにしてみてください。これは一種のマーケティングですね。
電車に乗ったときにも、スマホを動かしている人の指の動きか
ら、その人が今、記事を読んでいるのか、メールを打っている
のか、本を読んでいるのかなどについて『どう思う?』と、子ど
もに聞いてみるのです。観察の種は、日常生活のあちこちにあ
ります」

　その際、親が意識しておきたい声かけのポイントは3つあり
ます。

観察力を磨く3つのポイント

❶ 勉強と思わせずに観察を促す

石田：地頭のいい子というのは、勉強と日常のボーダーが曖昧です。勉強以外の時間にも多くのものを観察して思考しているので、常に学びのスイッチがオンになっています。だから、他の子が勉強時間だけ学んでいても追い付けないのです。

　常に学びのスイッチをオンにしておくためには、日常的にさまざまなものに興味を持っていることが大切 です。子どもには、それが勉強だと思わせないように「クイズです！」「これってどう思う？」「ねえねえ、これ見てみて。ちょっと変じゃない？」というように、日常会話の延長で話しかけ、きっかけづくりをしてみてください。あくまで楽しんでできることを提案することで、結果的に、日常的に観察する習慣が身に付きます。

　例えばママが美容室やネイルへ行ったり、メイクを変えたりしたときに「どこか違わない？」と聞くのでもいいでしょう。自宅の模様替えをしたら、「いつもと3つ違うところがあります。それはどこでしょうか？」などとクイズにしても楽しめます。「いつもと違う」という環境が、子どもの興味を引くからです。

　その際、注意したいのは、**子どもの答えに対して、親は「正解」を教えようとしないこと**。例え子どもの回答が間違っていたとしても、「そうじゃないよね」「ちゃんと見ている？」などと

責めず、「へえ、そう思うんだ」「なるほどね」などと返すようにします。

❷ 数、色、形などを聞く

石田：子どもの興味を引くきっかけが思い付かない場合、**「数、色、形」などを聞いてみるといいでしょう。これは、目の前にあるものをありのままに観察する習慣を付けるのに役立ちます。** 具体的には、以下のようなイメージです。

● **数を数える**
例）電車の中でスマホを触っている人は、何人いるかな？

● **色(や色の変化) を見分ける**
例）この通りの看板に多い色は何だろう？／
　　葉っぱの色、夏と秋でどう変わったかな？

● **形を見分ける**
例）これはどんな形に見える？

　事実をありのままに見るのは、簡単なことではありません。例えば、子どもが学校で友達とケンカをして、わが子の説明と相手の説明が食い違っている経験をしたことがないでしょうか？ なぜ、そんなことが起こるのかというと、**人は感情が先立つと、事実を冷静に観察できなくなるからです。観察とはあくまで、物事の状態や変化を客観的に注意深く見ること。** テストも同じで、文章問題が想像以上に長文だったとき、プリントを

渡された瞬間に「難しそう」と思ってしまうと、やはり冷静に観察できなくなってしまいます。

　数、色、形などに注目することは、ありのままを観察するのに役立ちます。電車の中でスマホを触っている人を観察する際などにも、「スマホでゲームばかりしてイヤね」などと感想を言わず、見たことをそのまま言葉にするよう心がけましょう。

❸ あれもこれも、でなく、じっくりと

石田：子どもの中には、**言われなくても何にでも興味を示す子もいれば、1つのことに熱中して、それ以外は視界に入らなくなる子もいます。私は、前者をマルチタスク型、後者をシングルタスク型** と呼んでいます。

　親御さんとしては、「子どもには、いろいろなことに興味を持ってもらいたい」とマルチタスク型のアプローチをしたくなるかもしれませんが、**シングルタスク型の子の場合、子ども自身が興味を持ったことを応援してあげるほうが、結果的に、観察力は磨かれます。**

　例えば、シングルタスク型で電車好きの子であれば、「この電車とあの電車、どこが違うの？」などと聞くと、「全然違うよ！」と言って興奮気味に語り出すことがないでしょうか。これは、他の人には見えていない「微妙な違い」を見分けることができているためです。日頃からワンパターンなことばかり繰

り返していたり、知識を詰め込んだりしているだけでは習得できないスキルです。

さっきの電車とどうちがう？

あれはね…でんしゃ

　ここまで深く観察できるようになると、自然と分析するようになり、そのパターンがつかめてくるため、「思考の型」ができてきます。この思考の型はあらゆることに転用できますので、学習においても効果を発揮するでしょう。

　親としては、あれこれ興味の対象を変えさせるのではなく、飽きるまで興味のあることをサポートしてあげる。その上で、「それとそれって、どこが違うの？」「これの仲間はどれ？」などと興味深く質問して、子どもから説明してもらってください。

> ## 観察をもとに思考を深める4つのマジックワード

石田：観察とはあくまでも「見る」ところまでの作業です。しかし、**「思考の型」を身に付けるには、見たことを分析し、パターン化して表現できるようになることが求められます。** それには、

4つの「マジックワード」を覚えておくと便利です。具体的には、次のように使います。

覚えておくと便利な4つのマジックワード

● 何でそうなっているのかな？

● どうしたらいいと思う？／何でだと思う？

● 共通部分は何？

● 例えば？

何でそうなっているのかな？

例えば、夏から秋に季節が変わったタイミングで、「何で、秋になると葉っぱが落ちるんだろうね？」などと、子どもに聞いてみてください。これによって、子どもはただ観察するだけではなく、**あらゆる物事には理由があることに気づきます。**

どうしたらいいと思う？／何でだと思う？

ピザを4人で食べるときには、「どうカットしたらいいかな？」と聞いたり、家族で川にキャンプへ行ったのなら「川の水って何で海に流れていくんだろうね？」などと、声かけをしたりしましょう。それをきっかけに、**子どもの対象物を見る目が変わり、**

「何でだろう?」と分析するきっかけ になります。

共通部分は何?

　地頭のいい子というのは、物の違いだけではなく共通点を見つけてグループ分けをすることができます。いわゆる「パターン認識」ができる のです。それを促すには、「共通部分は何?」という質問が有効です。

　例えば、チワワとトイプードルの共通点は、犬の中でも小型犬であること。チワワとゴールデンレトリバーの共通点は犬、といったイメージです。最終的には「犬というのは、小型犬や大型犬よりも上位にある概念である」とパターン認識ができるようになってきます。

例えば?

　「小型犬って、例えばどんな犬がいるかな?」といった問いによって、パターン認識ができることもあります。「例えば、他に似ているもの…ってどんなものがあるかな?」と聞けば、子どもは **同じ分類の別のものを探す** ことになります。

　親にできるのは、あくまでサポートであり、子どもの探究心をくすぐり、ヒントを与えることだけ。親子で実践することでも、代わり映えしないいつもの景色が変わって見えて新たな発見があるかもしれません。ぜひ、取り入れてみてくださいね。

04 親子会話に クリティカル・シンキング

慶応義塾大学講師・狩野みきさん

情報の真偽を見極める力が身に付き、メディアリテラシーも身に付く。トレーニングで子どもに意識させたい「4つの習慣」

「何事もネガティブに考える思考法」ではない

「自分の頭で納得するまで考えて、自分で答えを出す習慣を身に付けるためのトレーニングは、日本の社会に根強く残る『正解主義』に染まってしまう前の、思考がまだ柔軟な低年齢のうちからスタートすべきです」。「考える力・伝える力」を大学や小学生向けのクラスで教えている狩野みきさんは、このように話します。

そこで、ある程度の語彙力が付き、自分の考えを言葉で表せるようになってきた小2くらいから、**親子の会話に取り入れていきたい「考え方・伝え方」の上級スキル、「クリティカル・シンキング」のトレーニング法**を狩野さんに紹介してもらいます。

「クリティカル・シンキング」は一般に「批判的思考」などと訳されますが、決して「何事もネガティブに考える」という意味ではありません。

「『**批判する**』というより、『**根拠を大事にしながら、物事の是非を慎重に判断すること**』といった意味として捉えるほうが、より正確だと思います」と狩野さんは言います。

クリティカル・シンキングのトレーニングでは、以下の4つの習慣を子どもに意識させることが大切です。

クリティカル・シンキングで大切な4つの習慣

❶ 考えて意見を述べようと思う対象について、きちんと理解する

❷ 1つの考え方に固執しない。いろいろな角度から考えてみる

❸ 事実と意見は違うことを認識する

❹ 未来（次の展開）を予測する習慣を身に付ける

クリティカル・シンキングで大切な4つの習慣

❶ 考えて意見を述べようと思う対象について、きちんと理解する

狩野さんは、「意見とは、本当に理解している『人』や『事

柄』に対してしか持ってはいけません。よく知りもしないで何か言う場合は、意見ではなく単なる『印象』。親は、この違いを認識し、子どもを正しく導いてあげる必要があります」と話します。

　例えば、「新しい先生、どう?」と子どもに聞いて「何だか頼りなさそう」「厳しそう」といった答えが返ってきた場合、「どうしてそう思ったの?」とさらに尋ねてみます。子どもから納得できる根拠や理由が出てこない場合は、「まだ先生のことがよく分からないのは仕方がないよね。もっと、先生のことがよく理解できたころに、もう一度教えて」と、再チャレンジの機会を与えます。

　こうしたやり取りをすることで、子どもは**「よく知りもしない人(物事)について、印象だけで判断して口に出すのはよくない」ということを学ぶ**ことができます。

❷ 1つの考え方に固執しない。 いろいろな角度から考えてみる

　「子どもは、最初に思い付いた考え方や、世間の常識とされている考え方を、唯一絶対の正解だと思ってしまう傾向があります。**1つの考え方に固執しすぎると、それ以上考えを発展させることができなくなるので、親は別の角度から質問を投げかける**などして、考え方の幅を広げるきっかけ作りをしてあげるといいですね」

　例えば、公園に遊びに行こうとしていたのに、突然雨が降ってきた場合、子どもは「雨だから、今日はもう遊べない」「おうちにいるしかない」と凝り固まって考えてしまうことが往々にしてあります。そんなときこそ、親の出番。「雨だからこそできる遊びを考えない？」などと別の角度から提案して、発想を広げてあげましょう。

❸ 事実と意見は違うことを認識する

　「考えるときは、事実と意見を分けることが大切」と、狩野さんは言います。**事実とは証拠を示せること。意見は人が考えたこと。この違いが分かるようになると、情報の真偽を見極める力も、メディアリテラシーも身に付く**ため、ネットの情報にも左右されなくなります。

　また、事実と意見の見極めができるようになると、人が言っ

たことを無条件でうのみにしてしまう、といったこともなくなってきます。

「例えば、子どもは憧れの人や仲のいい友達などから言われたことを、事実だと信じ込んでしまうことがよくありますが、相手が誰であれ、人が言ったことを無条件で信じ込むというのは危険です。意見はあくまで意見だと分かるようになると、人の意見に振り回されることがなくなり、自分を強く持つことができるようになります」

狩野さんのおすすめは、「『今日は○月×日です』は事実？ 意見？」「『宿題はめんどくさい』は事実？ 意見？」「事実というなら、その証拠は？」などと、クイズ形式でいろいろな問題を出してあげること。**楽しみながら答えているうちに、子どもは事実と意見の違いを意識するようになる** といいます。親子でクイズを出し合うのも楽しそうです。

❹ 未来（次の展開）を予測する習慣を身に付ける

2年生くらいになれば、「もしも○○をしたら、次はどうなるかな？」といった具合に、次の展開を予測する習慣を身に付けたいもの。クリティカル・シンキングを身に付ける上でも、**未来を予測する習慣を持つことは、非常に大切** です。

「なぜ未来を予測する習慣が大切なのかというと、**意見を持つときに、何が起きても人のせいにしないと覚悟を持たせるため** です。『最悪のこと』が起きたらどうなるかに思いが及ぶ

ようになると、自分が考えたことや、これからやろうとしていることに責任が取れるようになります」

　例えば、ずっと続けていた習い事を続けるかどうか、子どもに意見を聞いてみるというシチュエーションにおいて。「やめたらどうなるか」「続けたらどうなるか」、その2パターンで、それぞれ最悪の事態も想像した上で、自分なりの結論を出すよう促します。

　「それでも、未来のことを想像するのが難しいという場合、**『○歳（4〜5年先の）の自分はどう思うかな？』と聞いてあげると、想像しやすくなる**と思います」

　未来予測をクセにするための初歩的なトレーニングとしては、「買い物袋クイズ」もおすすめです。

　「スーパーで、卵とイチゴ、ミニトマト、ジャガイモ、食パン、牛乳を買いました。これを1枚の袋に詰めます。どんな順番で入れるのがいいでしょうか？　などと子どもに質問してみましょう。絵に描いてもらうのもいいですね」

　小さな子どもは、重いものから先に入れるという袋詰めのルールを知らないことが多いので、自分の好きなもの順など、適当に思い付いた順番を答えるかもしれません。そこで、『イチゴのパックの上にジャガイモと牛乳？　あらら？？　イチゴはどうなっちゃうかな？』などと質問していき、先の展開を想像させ

ます。ぜひ、お買い物ごっこのような感覚で、楽しみながらやってみてください」

どんな意見も「まずは受け止める」

「クリティカル・シンキングのトレーニングを行うに当たり、親に絶対に守ってほしいのが、子どもがどんな意見を口にしたとしても、まずは、『そうなんだ』『なるほどね』『面白いね』などと、**いったん受け止めてから、さらに考えを深めるための問いを投げかける** ということです」

例えば、「1番大切なものは何?」と子どもに尋ねたところ、「ゲーム」という答えが返ってきたとします。

でも、そこで「そんなものが、1番大切なものであるはずがないでしょう」などと言ってはいけません。世の中に間違った考えはありません。自分の考えが否定されてしまうと、子どもは考えることに対して臆病になりかねません。

とはいえ、**受け止めの言葉に嘘はNG** です。子どもは親の嘘をすぐ見破りますので、もっと考えてみようとは思えなくなります。「1番大切なのはゲーム」と言われて、その考えを受け入れられない場合は、「そうか、そういう考えもあるね」と言うにとどめましょう。

褒めるのは、本当に親が感心するような意見が出たときに

限ります。 その際も、単に「面白いね」ではなく、「〇〇という ところが△△だから、面白いと思ったよ」などと、具体的な言 葉で表現しましょう。

「すごいね」「面白いね」と褒め言葉を安易に使っていると、 子どもは、「次も、親が褒めそうな意見を言おう」などと考える ようになってしまいます。そうなっては本末転倒です。

親の「なぜそう思ったの?」の一言の重要性

「いったん、受け止めた後の問いかけとして、最もパワフルな のは『なぜ?』という問いかけです。**『なぜそう考えたの?』 という質問を入れて、根拠を聞くと、子どもがさらに深く考え られるようになります**」

先ほどのゲームの例で言えば、『そういう考えもあるね! パ パ(ママ)は思い付かなかったな。どうしてゲームが1番大事 なの?』と聞く、というイメージです。子どもが何となく答えた だけなら、改めて、自分の中にある思いや価値観について考え るきっかけになります。

「なぜそう考えたの?」と聞いても、子どもが、根拠や理由を うまく言葉で説明できなかったり、自信がなかったりして、「何 となく」「分からない」と答えることがあります。その場合は次 のページのような問いかけをするのが効果的です。

●「いつからそう思っているの？」
　「そのとき、何があったの？」
（その意見を持つに至ったきっかけを思い出させる）

●「それ以外に○○という考え方もあるけど、
　そうは思わないのかな？　それはどうして？」
（別の意見と比較することで、自分の考えをクリアにする）

　また、単に言葉の問題で説明ができない場合は、「うまく言葉にできなくても大丈夫。じゃあ、色にたとえると何色？」などと安心させ、言語化をサポートしてあげることが大切です。**「自分の考えを言葉にする、という経験を重ねていくと、次第に思考が研ぎ澄まされていきます」**と狩野さん。逆にいうと、最初は言葉にするのが下手で当然ということ。親は、つたない説明でもしっかり受け止め、安心して言葉を口に出せる雰囲気づくりを心がけてあげましょう。

05 夢実現へ今から 身に付けたい2つの力

授業・人塾代表・田中博史さん

今は土台づくりの時期。興味や向き不向きに応じて 夢を変えていく「柔軟性」と、目標に向けてまず何を すべきか、プロセスをイメージする力が大切

まだゴールを気にするのは早い

　子どもが「将来の夢はYouTuber ／アイドル」など、大人か らしたら「現実味が薄い」と感じる職業を挙げたり、「何にな りたいか分からない」などと答えたりすると、親としてはこんな 調子で大丈夫なのか？ と思ってしまうかもしれません。

　「しかし、**小学生の子どもから見える職業自体が限られている** ので、しょうがない部分もあるんですよね。

　小学生は、知っている職業の裾野を広げるために情報収集 をしている時期です。『YouTuberではなかなか食べていけな いよ』などとわざわざ夢を潰すことなく、『憧れ』として聞いて あげればよいと思いますよ」

　こう話すのは長年の小学校教諭としての経験を生かし、教 師養成のための「授業・人塾」の代表を務める田中博史さん です。

子どもたちは職業についての情報収集の最中というだけでなく、自分づくりのまっただ中にいます。**「今の段階で何になりたいかの『ゴール』を気にする必要も、ましてや決める必要もない」**と田中さんは言います。

　「人は成長とともにさまざまなことに興味を広げ、深めていった結果、大学生もしくは社会人になってからようやく、なりたいものが見えてくるというのが普通です。小学生の段階では、まだ決められないのが当たり前ということです」

　その代わりに「いつかなりたい自分になるために」小学生のうちに身に付けたいものが2つあると言います。

将来夢をかなえるために、小学生のうちに身に付けたい2つの力

● 興味や向き不向きに応じて夢を変えていく柔軟性

● 目標に向けて自分が何をすればいいのか、プロセスをイメージする力

　「**1つ目は発想の柔軟性。** 夢は1つに固執する必要はなく、自分の興味や向き不向きによってどんどん変えていっていいんだ、ということを、ぜひ教えてあげたいところです。そして**2つ目は、目標に向けて自分が何をすべきか、プロセスをイメージ**

する力 です。これが欠如していると、どのように努力をすれば いいかも分からず、夢に到達することができません」

将来の夢が変わったのはなぜ？

　まず、1つの夢に固執することのない柔軟性を身に付けること から始めてほしいと田中さん。そのためにできることは、**親自身 が子ども時代に抱いていた夢がどう変化していったのか、「憧 れの変遷」を、その理由とともに子どもに詳しく話す** ことです。 これによって子どもは自分の興味はもちろん、向き不向きによっ て、考えを変えていっていいということを学ぶと同時に、社会 に対する目線を養うことができるようになります。

　「就活時や転職時など、親が大人になってからの話は、子ど もにとって遠すぎて、共感することができません。親自身が子 ども時代に持っていた夢や憧れのプロセスについて話すことが ポイントです」

【親の夢の変遷語りの例】

　幼稚園時代はケーキが好きだったからケーキ屋さん になりたいなと思ったけど、ケーキ屋さんになっても仕 事中は自分では食べられないって知ってやめたの。小 学生になってテレビのアナウンサーもかっこいいと思っ たけど、人前で話をするのはどうも緊張しちゃうから向 いてないなと思うようになったんだ。でも自分で話す

のは苦手でも人の話を聞いたり、人が喜ぶ顔を見たりするのが好きだったから、中学生のころには看護師さんにも憧れたよ。そのうち、どうせならば治療ができるお医者さんになりたいと思うようになったんだよ。

子どもに特に伝えたいポイントは、「夢がなぜ変わったのか」ということです。

「親の夢の変遷語りを聞く中で、子どもは『自分には向いてないと分かったら考えを変えていいんだ』『もっと気になる仕事がでてきたら、夢や目標はどんどん変えていっていいんだ』という**思考のプロセスそのものも学ぶことができます。**

さらに親の話を通じて、『ケーキ屋さんって仕事中はケーキを食べられないのか』『治療ができるのはお医者さんなんだ』などと自分の知らなかった一面を知ることもできます。すると次にケーキ屋さんや病院に行ったときにその様子を観察。『確かに食べてないな、そういえばお店のケーキはどこから来るのかな?』『どの薬を出すのかを決めるのは看護師さんとお医者さんどっちだろう?』などと、**観察眼を高めるきっかけになり、社会に対する解像度が上がっていきます**」

> ## どうすれば二重跳びができるようになる?

小学生のうちに身に付けたい力の2つ目、「目標に向けてプ

ロセスをイメージする力」を育むためにできることは大きく2つ
あります。**1つ目は、目標に到達するためには、何をしたらいい
のかを「自分で具体的に考え、計画を立てる」練習をする**こと
です。

① 目標に到達するための方法を考え、計画を立てる練習をする

これに関しては「二重跳びができるようになりたい」「逆上が
りができるようになりたい」といった身近な目標で練習をする
のがよさそうです。

「すでに二重跳びができる子を観察しながら、人から教わる
のではなく、『まずは100回、前跳びの練習をしてみよう』と**でき
るようになるための方法を自分で考えることが、プロセスを考
える練習**になります。

分かりやすい例をあげると、私が小学校教諭をしていたとき
に、新しく習った漢字を20回書くようにと言われた児童が『ど
うしてこんなにたくさん書かないといけないの?』と質問をして
きました。子どもからすると『こんなに書かなくても覚えられる』
ということのようです。

そこで、『じゃあ、それぞれの漢字の隣に何回書いたら覚え
られるか数字を書いてごらん。でも、書いたからにはその数
字より多く練習したらダメだよ』と伝えると、子どもたちは『こ

の漢字は簡単だから5回。でもこっちの漢字は15回かな…』などと言いながら、数字を書き込み始めました。このとき、子どもたちがしていたのは、まさに自分の勉強をイメージしながら、勉強プランを立てるという練習でした」

　大人は長く生きてきている分、効率のよい方法を知っていて、つい教えてあげたくなってしまうものです。「けれどもそうした**『教えたい欲求』をぐっとこらえ、子どもにやらせてみてください。**子どもたちはイメージすることを通じて、そのテーマをより身近に感じ、関心を深めていけるという効果もあります」

> ## 夏休みの計画は3日坊主で当然

❷ 失敗したら修正させる

　2つ目は、目標に到達するための方法を考え、計画を立てる練習です。うまくいかなかった場合に、自分で計画を修正する力を付けます。

　「よく、夏休みの計画が3日坊主に終わってしまうという話がありますが、小学生の子どもが1カ月以上もある夏休みの計画をうまく立てられないのは当たり前です。3日できたらそれだけでも素晴らしい。4日目にできなくて挫折した場合、『どうしたらうまくいくか考えて修正する』。そのことが大事なのです」

　「自分で計画する→やってみる→失敗する→修正する→

やってみる」という繰り返す**ことが重要となります。

　「失敗したときはショックですが、うまくいかなかったらどうすればよいかを考えて修正すればいいと考えられる子は、一度の失敗でポキッと折れたりせずに、しなやかに生きていくことができます。さらに、どんどん挑戦し修正を楽しめる子は、自分のやりたいことに向かって自分から行動できるので、自己実現力も高くなります。自分はどんなことが好きで興味を持っているのかなど、自分自身についても掘り下げていくことができるでしょう」

　こうした「計画する→やってみる→失敗する→修正する→やってみる」のサイクルは、子どもたちにとって特別なことではなく、まさに学校生活の中で学んでいること。

　「勉強はもちろんですが、子どもたちは友達関係でもうまくいかなければ悩んで修復を試みるという経験をたくさん積んでいます。小学校時代にたくさん失敗し、修正することを経験する中で、物事にはいろんな見方があるということも学んでいくはずです」

夫婦の雑談を子どもの耳に入れて

　一方、子どもが夢を見つけようとする過程で親が注意すべきことは、**子どもの夢や憧れより親の願いが先行しないようにすること**です。

「習い事などでよくあるのが、親が将来のためにと先回りして教室に連れて行き、無理やり通わせた結果、嫌いになってしまうというケースです。親が先回りして用意しても、うまくはいきません。大事なのは子どもの興味です。親は子どもが何に興味を持っているのかを観察することが大事です」

一方で、近くで見守る親だからこそできるサポートもあります。効果的なのは **観察した結果、子どもが没頭していることや得意そうなことが見えてきた場合は、それとなくそのことを子どもの耳に入れること。**

「面と向かって言うのではなく、子どものいるところで夫婦の雑談として『この子は昆虫が好きみたいだね』『小さい子の世話が上手なんだよね』といった話をするくらいがいいでしょう。

こうした雑談を耳にすることで、子どもは『そうか、自分は昆虫が好きなんだ』と再認識し、興味のあることに焦点を合わせていくことができます」

雑談でそれとなく聞かせるのは「そのくらいゆるい方が、バランスがよいから」です。

「親の期待を伝えたり、しつこくしたりすると、子どもにとって負担になってしまいます。**もっとも良くないケースとしては、親に決めてもらった方が楽だと感じてしまい、自分で決められない人間にしてしまうこと**です」

子どもをせかす必要はない

いずれにしても将来のために今から**何か具体的な知識や技能を身に付けさせようと「子どもをせかす必要はない」**と田中さん。

「身近な課題や目標に対し、どうすればよいか計画をたて挑戦する。そして失敗したら修正する。この繰り返しで、最終的に自分の力で成功までもっていく。こうした体験の中で、子どもは自分の内面を練り上げていくと同時に、いずれ人生をかけてやりたい『将来の夢』に出合ったときに、どうすればそれが実現できるかを考え、前向きに努力できるようになりますよ」

06 失敗が怖い… 甘える力が弱い場合も

親と子どもの臨床支援センター代表理事・帆足暁子さん

**「結果ではなく、プロセスを褒める」が効かない子へ
の対応は? 実態伴わない「褒めことば」は響かない**

> 失敗を恐れる背景にあるものは

なわとびをしていても、ひっかかるとすぐにやめてしまう。自分の思い通りの絵が描けないと紙をぐちゃぐちゃにしてしまう。「うまくできないからママやって」と自分でやろうとしない。そして、一度「失敗した」と感じると、「できないからやらない」といって再チャレンジしない…。

子どものそんな姿を見たことはありませんか。少しの失敗をも恐れてしまい、チャレンジできなくなっている子に、親はどう言葉をかけたらいいのでしょうか。

「子どもが失敗を恐れる背景には、親自身の『子どもに失敗しない人生を与えてあげたい』という思いがある場合が少なくありません」

そう指摘するのは、親子を支援することを目的とした親と子どもの臨床支援センターで代表理事を務める臨床心理士の帆足暁子さんです。

「子どもには『失敗しても大丈夫だよ』と言いつつも、子ども
が間違ったり負けたりしないように頑張らせる。親自身も失敗
しないように、子どもにも失敗させないようにと気を張っている。
失敗が許容されない社会的な風潮もあります」

子どもはそんな空気を敏感に感じ取っています。その上で、
さらに子どもの自己肯定感を下げてしまうようなやり取りがある
と、子どもは「失敗するくらいならやらない方がいい」と思うよ
うになってしまいます。

例えば、保育園の廊下に張り出された絵を見て、『もう少し
大きく描けるとよかったね』と言ってしまう。あるいは『お友達
の○○ちゃんの絵、とても上手だね！』と他の子の絵を褒める
ということが挙げられます。

**こうした親の関わりをきっかけとして、子どもが失敗を恐れ
るようになっているケース** は、因果関係がはっきりしている分、
対処もしやすいと言います。しかし近年は、「**親の関わりは適切
なのに、失敗を過剰に恐れる子がいる** ことが分かってきた」と
帆足さん。親子の関わりを原因とする場合と、そうではない場
合で、それぞれどのように対処すればいいのでしょうか。

「根拠のない褒め言葉」は意味がない

まず、親との関わりの中で失敗を恐れるようになってしまっ
た子について考えていきます。

「『頑張ったね！』『なわとびしている姿、かっこよかったよ！』など、『結果ではなくプロセスを認める』ことが有効です。また、このケースの子どもたちは、失敗したときに怒られた、責められたなど過去の失敗で傷ついた経験があるので、失敗したときに叱らないことはもちろん、今まで褒めなかったようなことで褒める機会を増やしていくことも大事です。単に叱られなくなっただけだと、親との関わりが減って、子どもは『見捨てられた』と感じることがあるからです」

　何でも適当に褒めればいいのではなく、それが事実に基づいていないと子どもに見透かされてしまいます。つまり、**根拠ある事実に基づいて、認め、褒めなくてはならないため、子どもをしっかり観察することが必要**になってきます。

　「例えば、『なわとび、この前より2回も多く跳べたね！』『自分で早くベッドに入れてすごいね！ママは夜更かししちゃったよ』など、以前の子ども自身と比べて成長を認める、または自分を引き合いに出して子どもの良いところを言語化するなど、**子どもが納得できることを褒めていくと、伝わりやすい**はずです」

親の関わりは適切なのに、失敗を恐れる子の場合

　それでは、親の関わりは適切なのに、失敗を恐れてしまう子の場合はどうでしょうか。そもそも親の関わりに問題がないのに、なぜ失敗を恐れてしまうようになるのでしょう。

「**子ども自身の不安が強く『絶対に失敗したくない、完璧な自分でありたい』と強くこだわるような気質を持っていることに起因**しています。こうした子どもの場合は、いくら親が『チャレンジできてすごい！』とプロセスを褒めたり、『失敗してもいいんだよ』と言ったりしても、子ども自身が納得しない限りは変わりません。こだわる背景には、その子自身がもともと持っている性格や、発達障害などの発達特性が関係している場合もあります。

育児相談を受ける中で気づいたのですが、『絶対に失敗したくない』というこだわりがある子は、**失敗を恐れるだけではなく、親を頼り、甘える力が弱い**ことがあるのです。それは生まれつきの気質の場合もありますし、小さいころに大人に怒鳴られた経験があるなどマルトリートメント（不適切な関わり）を受けた結果である場合もあります。

要因はさまざまなのですが、そのまま成長すると、困っても誰にも相談できなかったり、人の善意からのアドバイスを拒絶して人間関係に問題を抱えたりすることもありえます。困難に陥っても、親の意見を聞こうとしないので『完璧にやらねばならない。でも、できない』という葛藤を1人で抱えてしまうこともあるでしょう」

子どもが困ったときがチャンス

子ども自身の「失敗したくない」というこだわりが強い場合は、

親はどう対応すればいいのでしょうか。

「先ほどもお伝えしたように、こだわりが強い子どもの場合、人に頼る力が弱く、人の意見を受け入れられない場合があります。ですから、親がプロセスを認めても、自分自身の納得につながらず、失敗を受け入れられるようにはなりません。

こういう子の場合、**子どもが困っているようなときをチャンスとして、親が声をかけたことで助けられたという経験を積み上げていくことが必要** です。困ったときに助けてもらった経験を積むことで、『ママを頼りにするといいことがあるんだな』『ママの言葉に耳を傾けてみようかな』と、少しずつ自分以外の人の意見を受け入れられるようになってくると思います」

声かけの際は、「『何か困ってない?』『してほしいことがあったら言ってね』くらいにとどめておくのがいい」と帆足さん。

「『こうするとうまくいくよ』という声かけだと、子どもによっては『今のままではダメなんだ』と捉えてしまい、心を閉ざしてしまうかもしれません。**積極的に声をかけていくというより、困っているあなたのことは、『いつでも助けるよ』という親の姿勢を伝えていくのがいい** でしょう。

さらに、子どもが親の言うことをネガティブに捉えているなと感じたら、『ママはあなたのことがダメだと思ってないよ。あなたを応援したいだけ。でも、あなたはダメだと言われたと思っ

てしまうんだね』というように、ネガティブに捉える癖に気づか
せてあげるようにします。ネガティブに捉える傾向を持ったまま
成長すると、友達の悪気ない一言で傷つくなど、人間関係に難
を抱えてしまうかもしれません。**自分の傾向を知っておくこと
は、成長した後の生きやすさにつながります**」

また、意外に子どもに響くのが、「友達の存在」です。

「親の言うことは受け入れないのに、なぜか子どもにとって
大切な特定の友達の言うことは素直に受け入れる。子ども同士
の関わりではしばしばそんなことが起こります。もしわが子の
周りにそういった友達がいる場合、『○○ちゃんはなわとびで
ひっかかっても、笑って、もう1回チャレンジするんだね』など、
大好きな友達の姿をさりげなく伝えてみるといいと思います。

『失敗しても大丈夫』『チャレンジしたことが素晴らしいよ』
と子どもに伝えても、保育園くらいの子どもは実体験が少ない
ため、理解が難しいのです。そこで、目の前で失敗しても笑っ
て再チャレンジしている大好きな友達がいると、『失敗しても
大丈夫なんだな』と理解できるのです」

失敗を笑い飛ばす親の姿を見せる

　子どもに新しい経験をさせてあげたい、得意なことを見つけ
てあげたい、そう思う親は多いでしょう。けれども **失敗を恐れ
ている子は、新しいことへのチャレンジも消極的** です。新しい
ことへチャレンジする勇気を持ってもらうためにはどうしたらい
いでしょうか。

　「まずは、その子がやりたいことを見つけてあげましょう。小
さい子ならば誰でも、興味があることはきっとあります。尻込
みしている様子でも、目が輝いていたり、体が自然と動いてい
るようなときは、興味があるのかもしれません。**子どもを観察し
て『好きなこと』を見つけてあげましょう。**

　また、例えばスイミングで集団レッスンがダメであっても、1
対1での個人レッスンなら楽しく参加できるなど、方法によって
楽しく取り組めることもあります。**子どもにとって自信が持て
ることが1つでも見つかると、『他もできるかもしれない』と、
別のことにも関心を持っていきやすくなります」**

そしてもう1つ、未知のことを楽しみ、失敗を笑い飛ばしている親自身の姿を見せることも大切だと帆足さんは言います。

「親がいつも疲れ切っていて、新しいことを何もしようとしないのに、子どもだけを動かそうとすると、子どもはより負担を感じてしまいます。**親がいろいろなことを楽しみ、失敗しても笑っている姿を見れば、子どもも『失敗したって大丈夫なんだ』と安心できる**でしょう」

失敗を過剰に恐れる子どもは、「失敗した自分を想像することができず、少しでも失敗したら、自分がダメになってしまうかもしれないと感じている」と帆足さん。

「失敗しても笑っている自分の姿を想像できず、ちょっとでも失敗したら自分自身の存在が消えてしまう…。そこまでの恐怖にとらわれてしまっている子もいるのです。ですから、『どんな自分であっても、受け入れてもらえるんだ』と子どもが安心できるように、**周りの大人は子どものいいところや成長した点を見つけ、言葉にしてくり返し伝えてあげることが必要**なのだと思います」

07 過度な親への忖度は伸び悩みリスクに

子育て心理学協会代表理事・東ちひろさん

子の忖度は親にとって「都合がよい」から気づきにくい。低学年の今が、親子関係を変えるチャンス！

親の意向をくむ子に2つの背景

「『遊びに行く前に、部屋の片付けしないとダメだよね』『ピアノの練習は毎日しないといけないんだよね』などと、子どもが妙に物分かりのよい発言ばかりをする。そんなときは、もしかしたら『ママが部屋を片付けてほしいと思ってるから』『ピアノの練習を毎日するとママがうれしいみたいだから』と親に気を使っているのかもしれません。いわゆる忖度ですね」。そう話すのは、子育て心理学協会代表理事で、現在、心理学とコーチングを使ったアプローチで多くの子育て相談に応じている東ちひろさんです。

「子どもが親に忖度をするなんて」と驚く人もいるかもしれませんが、親の意向をくみ取ろうとする子どもは、珍しくありません。

「幼児でも親の意向をくみ取ろうとする子はいます。成人になっても『この人と結婚するって言ったら親が喜ぶのではないか』などと親の気持ちを重視する人もいるので、親への忖度に年齢は関係ありません」

　自分の「好き」に従ってのびのびと成長してほしいと願うわが子が、実は親の意向をくみ取った言動をしていたとなるとショックを受ける人もいるかもしれません。

　親の意向をくみ取ってしまう子とそうでない子の違いはどこにあるのでしょう。そして、「忖度傾向」を放置してしまった場合に、起こり得るリスクにはどんなことがあるのでしょうか。

親の意向をくむ子に2つの背景

　「子どもにとって親に愛されることは最大の喜びです。親が笑顔になるようにと、親の気持ちを読もうとするのは本能的かつ自然な行動ですが、自分の気持ちを押し殺してまで親の意向をくもうとするのは不自然ですね。子どもが不自然な行動をするときには必ず原因があります」

　過度に親の意向をくもうとする原因の1つ目は**「親の叱責が厳しすぎるケース」**です。

　「親の叱責が厳しすぎる場合、『親に怒られたくない』『親に機嫌よくいてほしい』という気持ちが強まります。怒られないように動くにはどうすればよいか考えた結果、子どもは親の考えや気持ちを過剰に察して動くようになります」

　2つ目は「そもそも子どもが察しのよいタイプ」の場合です。

「性格的に相手の気持ちを察するタイプの子です。親が叱らなかったとしても、『ママ（パパ）はこう思っているだろう』と自ら考えて行動します。このタイプの子は親に遠慮もしがちです。『ママ（パパ）は、今日は疲れていそうだな』と感じると公園へ遊びに行きたい気持ちを我慢し、『行きたくない』と言うこともあります」

「楽しい」「やりたい」気持ちが子を育てる

子どもが親の意向をくみ取る場合、「文句を言わない」「塾や習い事に通うのを嫌がらない」など、**親にとって「都合がよい」ことも増えるため、気づかないケース**も多くあります。

ただし、「楽しい」「やりたい」という気持ちこそが子どもが育つベースなので、自分の気持ちを押し殺しながら習い事や勉強をしても、子どもは十分伸びません。さらにこうした状況がいきすぎると、**習い事や勉強を過度に押し付ける「教育虐待」**につながるケースもあるため、早いうちに子どもが親に忖度する状況を変えていくべきだと東さんは話します。

「親の過度な叱責が原因となっているケースでは、**以前は『これがしたい』『あれは嫌だ』と要望を口にしていたのに、最近は言わなくなったという子どもの変化がサインの1つ**です。これにプラスして、日ごろ子どもを強く叱ってはいないか、特に子どもが習い事などを『やめたい』と言ったときに受け入れなかった経験がないか、振り返ってみてください。

　子どもからの『やりたい』という要望は親の目には『自発的で好ましい』と映ることが多い一方で、『やめたい』は親にとって『受け入れがたい』と感じられることが多いです。子どもは親に受け入れてもらえる可能性があるうちは『やめたい』と言いますが、何度言っても親から『せっかく続けてきたのにもったいないでしょ』などと強い言葉で繰り返し拒否をされると、『どうせ分かってもらえない』『傷つきたくない』と思うようになって言わなくなります」

自分がダメな親だと思われてしまう不安

　原因が親の叱責にある場合は親が過度な叱責をやめればいいので、解決策はシンプルです。しかし、問題は、親が叱責をやめるのは意外と難しい点です。

　「親が子どもを叱責するのは『より良くなってほしい』と思ってのこと。**子どものために言わなくてはと思っていると、なかなか叱責をやめられません。**

　さらに叱責をやめにくいもう1つの原因は、親自身を襲う不安です。子どもが『スイミングをやめたい』と言った場合、子どもの要望は『スイミングをやめる』ことだけなのに、親は『やめ癖がつくのでは』『受け入れたら根性のない子になってしまうかもしれない』『この先、運動能力が伸びないのでは』などとあらゆる方向に考えを巡らせてしまいがちです。その結果やめさせることへの不安が強まり、強い言葉で叱責してしまうのです。

場合によっては、『子どもがすぐに習い事をやめたがる』＝『自分がダメな親だと思われてしまう』といった考えを引き起こし、不安が高まる場合もあります」

　こうした自分の状況を理解した上で、過度な叱責をやめるための解決策は2つあります。

　「1つは精神的に安定した人を見つけて関わり、子育ての悩みを相談することです。精神的に安定した人と関わっていると、影響を受けるため、不安を感じにくくなる効果があります。

　2つ目は『クールダウン』という手法です。怒りを感じたときにその場を離れて他の部屋に行き、他のことをすることで、脳のモードを変えることができます。『怒りを感じたときに6秒待つ』といった手法もありますが感情が高ぶっているときほど『待つ』ことが難しいのに対して、違う部屋に移動するアクションはとりやすいのです。時間がたって気持ちが落ち着いてから、仕切り直して落ち着いて話をするとよいでしょう」

忖度する子は要望も出さない

　子どもの察しのよさが原因となっている場合は、親は子どもの忖度により気づきにくい傾向があります。

　「子どもは、親の意向のある部分だけをくみ取りながら、別の部分では自分の要望を出すといった器用なことはできません。

例えば、『本当はスイミングは嫌いだけど、そんなことを言ったらママを失望させてしまうから我慢しよう』と考えながら、『隣町の広い公園に行きたい』『おやつは○○が食べたい』などと積極的に要求したりはしないということです。

親の意向をくみ取ったり、親に遠慮したりする子は普段から自分の要望を控えがち。逆に普段から要望を主張する子は親に遠慮したり、忖度したりしていない ことが多いのです」

　子どもによっては、親が「気を使わなくていいんだよ」と言っても、気を使う状況が当たり前すぎて親から何を言われているのか分からないという場合もあります。

　「**親が意識して子どものリクエストを聞くようにする** といいですね。習い事をする場合も『スイミング習ってみない?』と聞くと『ママはプールに通ってほしいと思っているんだな』と感じ取ってしまいます。かといって『何かやりたいことある?』と聞くと、要望を出すことに慣れていないこのタイプの子は『ない』と答えがちです。『近くにスイミングと剣道と体操教室があるけど、この中だったら何がやりたい?』などと選択肢を出して選ばせるような聞き方をするとよいでしょう」

　習い事に限らず「夕飯のメニュー」「見たいテレビ番組」「遊びに行く公園」など日常生活の中でも選択肢がある際は、なるべく子どもに任せて選ばせる場面を多くするように心がけるのがよいそうです。

「意見を言うのが苦手な子は、この先、友達関係の中でも『本当は嫌だけど断れずに従ってしまう』場面が出てくるかもしれません。家で意見が言えないのに外で言えることはないので、まずは家の中で意見を言う練習をしましょう。

　『おなかがすいてないから夕飯は食べたくない』など、時には親として受け入れられないことを言うかもしれません。そんなときは全否定するのではなく『じゃあご飯の量を減らそうか』などと親としての意見を伝えます。**子どもは自分の要望が受け入れられる経験を積み重ねることで、少しずつ要望を出せるようになっていく**はずです」

> ## 子育てはいくらでもやり直しがきく

　「食事をとらせていれば子どもの体は大きくなりますが、**心、つまり自己肯定感は意識的に育てなければ育ちません。**自己肯定感があると『嫌だと言ったら親に叱られるのでは』とか『嫌だけど親に申し訳なくて言えない』と親の気持ちを忖度する気持ちが起きにくくなります」

　自己肯定感を育むためには、何より親子で「仲良く」することが大事になってきます。

　「一緒に遊んだり、話を聞いたりして親子の心理的距離を近づけることで、子どもは『分かってもらえている』と感じ、自己肯定感を高めます。**『親子で仲良く』という視点は、『子ども**

をよりよくしたい』『親の気持ちを分かってほしい』と思っている叱責タイプの親ほど見落としがちなポイントです。

　思春期に入る10歳くらいになると、『他人からどう思われるか』という一歩引いた視点を身に付けるため、どんな子も自己肯定感が下がります。けれども、これは『もともとの自己肯定感に比べて』ということです。**もとの自己肯定感が高ければ、多少下がったとしてもある程度の自己肯定感がキープできます。**低学年のうちは子どもも親に話を聞いてほしがりますし、膝にのせたり、頭をなでたりしても嫌がらないですよね。親子の距離感を近づけるのは低学年の今がチャンスです」

　さらに高学年になり思春期に入ると親子のスキンシップが減り、会話も減ります。そのときに「子どもが何を考えているか分からない」「意思疎通が図れない」とならないためにも、低学年のうちに親子でたくさん、楽しい会話をしておきたいものです。

「どんな親子でも、高学年になったときに親子の距離が開いたり、会話が減ったりしますが、それは『低学年の今の時期に比べて』ということです。**今の会話の総量が100ある親子と50の親子とでは高学年になった後の会話の総量が全然違ってきます**」

子育てはいくらでもやり直しがききます。

「子どもによい行動がみられたときに『すごいね』『やるじゃん』などと、よい行動にフォーカスした声かけをしてください。子どもは親よりもずっと寛容なので、親が日ごろ叱責しがちでも、親の声かけを受け入れてくれるし、叱責したときの言葉がけに対し、褒めたり認めたりした声かけを『上書き保存』してくれます。**低学年は親子関係を立て直すチャンスです。たくさん話をして遊んで笑い合って、褒めてあげてください。こうした愛情を土台に、子どもは翼を広げて大きく成長**していくはずです」

08 友達力向上 まず親が「安全基地」に

上越教育大学教授・赤坂真二さん

必要なのは「未知の世界」に飛び込む勇気。安心できる家庭ならチャレンジ精神が育まれる

子どもの成長に「友達力」は必須

　私たちが子どものころ、「小学生になったら、友達100人できるかな」といった内容の歌詞の歌がありました。その歌に象徴されるように、以前は、子どもたちが意識してたくさんの友達をつくろうと考える傾向にありましたが、「近年は、友達をたくさんつくろうとする子は減っているように感じます」と、19年間の小学校教諭経験を持つ上越教育大学教授の赤坂真二さん。

　「1990年代のバブル崩壊後、不景気に入ったころから、日本人のコミュニケーション様式は大きく変わってきています。テレビは一家に1台で、家族みんなで見ていたのが、部屋に1台となり、個人で見るようになりました。コンビニエンスストアやインターネット、スマートフォンなどと便利なものが増え、**人と人とがつながらなくてもさみしくない、むしろ1人でも十分楽しめる環境が整ってきました。**

　そのような事情を背景に、子どもたちの意識が変化し、『**1人ぼっちになるのは嫌だけれど、たくさんの友達はいらない**』と

いう考えが主流になってきています。この傾向は今後、どんどん加速していくように感じます」

　確かに、現代においては他人と関わらなくても楽しく過ごせる環境が整っています。でも、そんな時代においても、「たくさんの友達と関わりを持とうとすることは、子どもにとって非常に大切なことだ」と赤坂さんは指摘します。

　「子どもは周囲の人をモデルに、模倣しながら成長します。例えば家庭内では、子どもは親やきょうだいの模倣をしながら、さまざまなことを学び、自分の能力を伸ばしていきます。**子どもが成長するためには、『模倣』ができるモデルが周囲にたくさんいることが大切**なのです。

　逆に、大勢の友達と関わろうとする姿勢を持たず、閉ざされた狭い人間関係だけになってしまうと、模倣できるモデルが減ってしまいます。人は、コミュニティーの大きさに応じた成長をするもの。なるべく大きくて良質なコミュニティーをつくっていけるよう努力したいですね」

　とはいえ、現実的には「みんなと仲良くする」ことは、小学生になると難しくなってくるものです。先生が統制を取っていた保育園や幼稚園と違って、小学校では子どもたちが自由に過ごす時間がぐっと増えます。未熟な個性と個性が直接ぶつかり合い、うまくいかないシーンも増えるでしょう。そんなときはどうすればいいのでしょうか。

みんなと仲良くする必要はないけれど…

「多くの友達と関わることが大切といっても、**みんなと仲良くする必要はありません。** 小学生になったら『みんなと仲良くしよう』でなく、『人といかに協力し合えるか』を意識してほしいと思います。

人と人との関係においてはどうしても『合う・合わない』があります。子どもの世界も例外ではありません。合わない人もいるのだ、ということを前提にした上で、**『どうやったら自分と合わない人とも折り合いをつけ、上手に付き合っていくか』を子どもに考えさせることが大切** です」

また、合わない人も含め、たくさんの友達と関わっていくということは、子どもにとって、大きなチャレンジでもあります。

「ですから、家庭ではぜひ、子どもの『チャレンジの意欲』を育てることに力を入れたいですね。そうした意欲がないと、家に引きこもったり、孤独化したりすることにつながりかねません。『チャレンジの意欲』が育てば、子どもは放っておいても友達と積極的に関わっていくはずです」

「意欲」というと、進んで勉強するといった「学習意欲」と、「人間関係を形成する意欲」とは、全く別物だと考えてしまいがちです。しかし、赤坂さんは、「新しい未知のものに関わっていくという意味では、学習意欲も、友達をつくる意欲も同じです。

つまり、**未知のものに関わっていく意欲を持つことができれば、勉強も友達関係もうまくいく可能性が高まる** ということです」と言います。

「恐竜が好きな子がいたり、古いコインが好きな子がいたりと、子どもにはそれぞれ嗜好がありますよね。その源も『チャレンジ精神』です。何かにチャレンジしたいと思えば、いろいろなものに興味を持てるようになる。**チャレンジの意欲は、人が成長していく上で不可欠** なものなのです」

「安心できる家庭」であることが大前提に

では、子どもたちはどんなときにチャレンジをするようになるのでしょうか。赤坂さんは「子どもが安心感を感じたとき」だと話します。

「**安心感を感じる場所、つまり『安全基地』があれば、人は
外に出てどんどんチャレンジできるようになります。** まずは親
御さんが、その安全基地になってあげましょう。子どもを見守り、
何かあっても責めないようにして、もし失敗しても逃げ込めたり
できるような、そんな温かい場所です。

そんな話を親御さんにすると、『どうすれば安全基地にな
れますか』『怒ったり叱ったりしてはいけないのでしょうか』と
いった質問をいただくことが多いですが、『まずはお子さんに
関心を向けてあげてください。そして一緒にいてあげてくださ
い』と伝えるようにしています」

ただ、物理的に一緒にいても、親がスマホをずっと見ている
のでは意味がありません。それでは、子どもに関心が向いてい
ないことが明白です。

「**大切なのは、子どもとたわいもないおしゃべりをしたり、じゃ
れあったりする時間** です。褒め方、叱り方というのは二の次で、
まずはたっぷり触れ合ってください。低学年だろうと高学年だ
ろうと、男の子も女の子も親御さんに『ぎゅ〜』っと抱きしめ
てもらったらうれしいものなんですよ」

甘やかすのでなく、「甘えさせて」あげる

親からの「甘やかし」はよくないけれど、「甘えさせる」こと
は重要です。

「**子どもが甘えたいと求めてきたときには、ぜひ受け入れてあげてほしい** ですね。共働きのお父さん、お母さんは忙しくて、常に子どもと一緒にはいられないかもしれませんが、時間の長さが大事なのではありません。その時間が少しでもあるかないかで、子どもの心の安心感は大きく変わります」

では、子どもの「甘えたい」というメッセージは、親なら誰もが気付けるものでしょうか。

「普段から子どもとじゃれあっていれば、いつもと違う様子のときは何となく分かると思います。もし、甘えたいというサインを見逃しがちな親御さんがいるなら、それは、日常のコミュニケーションが不足しているかもしれません。

『宿題をやったか』『あと5分で出る時間だよ』『お風呂入ったの』といった **確認やチェックは、単なる指示命令であって、会話ではありません。** 要は、何てことのない『おしゃべり』が大事なんです。

『今日は学校どうだった？ へー、そんなことがあったのね。先生面白いね。どんな先生なの？ 友達はなんて言ったの？』というような、気軽な会話です」

忙しいと、つい家庭でも段取りやスピードを優先してしまい、「はい、宿題！」「次は明日の準備」「もう寝る時間」などとまくし立てて、子どもを追い込んでしまいがち。「そういえば、最近

子どもとゆっくりおしゃべりしていないな」と思う人は、特に注意が必要です。

　「**親が忙しそうなメッセージを出し続けていると、子どもは本音を出しづらくなってしまいます。**『学校で友達とケンカしてしまった。お父さん（またはお母さん）に話したいな』と思っても、『何か忙しそうだからやめよう…』と飲み込んでしまったりするのです。

　さらに、『忙しいお父さん、お母さんを困らせてはいけない』と、**ネガティブな感情も出さなくなってしまうようになると非常に危険**です。人間はポジティブな感情もネガティブな感情も必ず両方持っているもの。

　家でネガティブな感情を出せないと、学校で出すことになってしまう。学校で暴れたり、友達を傷つけたりしてしまうこともあります。学校の先生から『お子さんが、学校でこんなことがあったんです』と伝えると、『家ではとてもいい子なんですよ』と保護者が驚かれる。そうして、学校と保護者の関係が悪くなるケースもあります」

家でネガティブな感情を出した子どもへの対応

　親にわがままを言ったり、きょうだいに意地悪をするといったネガティブな面を家庭で出したりしたときに、親がどう対応するかが非常に重要です。

「親が相手にしなかったりすると『ネガティブな感情を出すと、親に見捨てられちゃう』と思って、その気持ちを家庭でしまいこんでしまう。仮面をかぶり、いい子を演じるようになってしまいます。

かといって、子どもが泣いているときや、わがままを言っているときに、親が真正面からぶつかって激しく怒ってしまうと、今度は親と関わりたくないと思うようになってしまいます」

では、子どもが家庭でネガティブな感情を出したときに、親はどう対応するのが正解なのでしょうか。

「子どもがわがままを言ったり、きょうだいに意地悪したりするときというのは、何かしら怒りや悲しみ、イラつきを感じているときです。でも、その後に **子どもが気持ちを落ち着け、平常心を取り戻すことができたら、そのタイミングで『よくできたね』と声をかけ、めいっぱい認めてあげてください。**

子どもは気付かないところで、実はいいことをたくさんしています。親の手助けをしたり、何かを我慢したり。テストでいい点数を取ったなど、分かりやすいことで認めるだけでなく、普段はなかなか見えにくい、そうした行動や努力こそ認めてあげるべき。そうすれば、子どものポジティブな面がどんどん伸びていきます」

「いつもあなたを見守っているよ」というメッセージを送り

続け、子どもが親の愛情や温かさを感じられる環境をつくれば、**子どもは安心して、広い世界に飛び立てる** ようになる。学校でも友達と積極的に関わっていくようになるでしょう。

Chapter **II**

勉強面で悩んだら

低学年の勉強内容は
生きていく上で必要なものばかり。
学力の基礎を固めるために
家庭でできる効果的な
取り組みとは？

09 思考力に直結 家庭で磨く「語彙力」

一般社団法人アルバ・エデュ代表理事・竹内明日香さん

「わが子が何を話しているのか分からない」理由は語
彙力不足。家庭でできる、低学年向きの5つの方法

> 身の回りの世界をどれだけ認知しているか

「低学年だと複雑な状況説明や描写ができなくて、親からした
ら何を話しているのかよく分からないということはありますよ
ね。**複雑な物事を分かりやすく説明するというのは、人とつな
がる上で必須となる大事な能力**であり、小さいうちから家庭で
意識して育んでいってほしい力です」。そう言うのは、話す力を
高めるため、アクティブラーニングとICTを駆使した授業の実践
を提案し、カリキュラム開発、教員研修、モデル授業を展開す
る一般社団法人アルバ・エデュ代表理事の竹内明日香さんです。

子どもがうまく物事を説明できない原因は、語彙力不足に
あります。

「日本語で雪を表す単語として一般的に知られているのは、
『粉雪』『ぼたん雪』などわずかの単語です。一方、氷雪地帯
に暮らすイヌイットの人々の言葉では、雪を表す単語が日本
語よりもずっと多く、何十通りもあるといわれています。つまり、
雪があまり降らない地域で暮らしていると、雪について細かく

認知し言い分ける必要がない一方で、雪が生活に密着している場合は、細かく言い分けて描写しているということです。スペインではサッカーの「パス」にあたる言葉が10以上あるとのこと。

　同様に、子どもが身の回りで起きたことを細かく描写したり説明したりするためには、**自分の身の回りの世界をどれだけ認知しているかがカギになります。そして、認知した事柄とその事柄を指す単語とを結びつけ、自分の中にストックして使いこなす力が語彙力** です」

　発達心理学・認知心理学で著名な内田信子さんの研究などによって、子どもは歩き始めるころからしばらく爆発的に語彙を獲得するようになり、年長児でも1日あたり約20語もの新しい語彙を獲得することが明らかになっています。

　小学校低学年はまだまだ語彙力を磨く黄金期。さらに、**どれだけの数の単語やフレーズ、言い回しなどが、子どもの頭の中に「使える状態」で存在しているかが思考力にも直結** していきます。

「ランドセルが重くて嫌だな〜」にどう反応？

　「自分の気持ちや考えを表現することは、人とつながったり、ビジネスを展開したりと、この先豊かに生きていく上で欠かせない作業。その基本を支えるのが語彙力です。

特に語彙力を爆発的に増やしていく幼児期に関しては、先生の指導の下、皆で一緒に1つのことに取り組む一斉保育に比べ、自発的な遊びや制作を促す自由保育のほうが語彙力が高まることが、前述の内田さんの研究などで、すでに明らかになっています。

これは、**先生から教えられることよりも、自発的に遊んだり行動したりするほうが語彙力を獲得**しやすいことを表す一例です」

つまり**語彙力を伸ばすカギになるのは、自主的・自発的に言葉を使うことにある**ということ。そのためには、言葉の獲得はもちろん、獲得した言葉の定着を促すべく、「自主的に使わせる」工夫も必要となります。

これらのポイントを踏まえ、低学年の子どもを持つ親が、家庭で取り組みやすくて効果が高い5つの語彙力アップの方法を紹介します。

❶ 抽象概念を広げる

親子間で日常会話をする際は、出来事や事実を話すだけでなく、「そのときどう思ったのか?」「その感情は一般的に何と呼ばれるか」といった具合に、抽象概念に広げていくことが、子どもの語彙を増やすポイントです。

「小学校2、3年生になるとだんだんと抽象的な考え方が理解できるようになってくるので、子どもにその概念を表す言葉を積極的に教えてあげてください。

例えば『ランドセルが重くて嫌だな〜』と子どもが言ったら、重い荷物を背負うのが嫌だなっていう、今みたいな気持ちを『憂鬱な気持ち』って言うんだよ、と伝える。『保育園のときはカバンを持つのを嫌がっていたあなたが、自分でランドセル背負えるようになって、立派になったなぁ』ってママは思うけれど、そんな気持ちを『感慨深い』って言うんだよ、などと伝える。そんなイメージです。

子どもは **こういう感覚を『憂鬱』とか『感慨深い』といった言葉で表すのかと状況と言葉とを結びつけて認知** することができ、ぼんやりしていた身の回りの状況がくっきりして、視野が広がっていきます」

❷ 日常から離れたテーマに関して積極的に対話する

ニュースなどで見た戦争や、未来の話、歴史の話など、**日常から離れたことをテーマに親子で対話をすることも、語彙を増やすことにつながります。**

「『どうすれば戦争が起きなくなるのかな?』などといった正解のないテーマを対話によって深めていくのもいいですね。例えば子どもが『武器を持たないようにすればいいんじゃない?』

と言ったとしたら『なるほど、よい考えだね。そのためにはどうすればいいと思う?』『そうだよね、なんでみんな武器を持っちゃうんだろう』などと、**一度受け止めてからさらに話を深めるような問いかけをしていくと、子どもは自信を持って、自分の考えを口に出すことができます。**

　日常から離れたテーマについて親子で対話をしたり、一緒にニュースを見たりするなかで、子どもは親が口にしたり、ニュースから聞こえてきたりする新しい言葉に触れることができます。

　子どもはこうして触れた新しい言葉をすぐに使おうとする傾向がありますが、その際、使い方を間違えるということも多々あります。でも、せっかく新しい言葉を使おうとチャレンジしているのですから、そんなときは親は笑ったり、あえて間違いを指摘したりせずに聞き流し、先を促しましょう。使っているうちに正しい使い方が身に付いていくはずです」

❸ 親子の立ち位置を変えて会話をする

　このように、親子で会話をすればするほど、語彙を増やすチャンスが増えるのですが、**親子の会話を盛り上げるための工夫として、ときに親子の立ち位置を変える方法もあります。**

　「親子は毎日顔をつきあわせているので、『今日はどうだった?』と聞いても『別に』と答えるなど、あまり会話に乗ってこない日もありますよね。親子の立ち位置は、**普段は親が『上』、**

子どもが『下』という構図になっていますが、この親子の立ち位置の上下をひっくり返してみるのも効果的 です」

　具体的には「子どもに親の相談に乗ってもらう」など話のベクトルを普段と変えてみてください。

　「『今日仕事でこんなことがあって困っちゃったのだけど、あなたならどうする?』と子どもに相談してみてください。子どもは喜々として『助言』をしてくれるはずです。子どもからの助言に対しても『そんなこと言うの勇気がいるな、どういう言い方がいいかな?』など、具体的に掘り下げていろんな発言を引き出してみましょう。もちろん子どもにもらった『助言』には大いに感謝して『よーし、試してみよう!』と言ってみる。子どもの自己効力感を上げるチャンスにもなります」

⎛ ❹ 言葉ゲームを活用する ⎞

　新しく語彙をインプットしても、子どもたちが理解してから発話するまでには間があると竹内さん。

　「子どもは言葉を頭の引き出しにしまいますが、普段使う言葉は手前の引き出しにある一部の言葉だけです。**奥にしまった言葉を引き出す練習をしてあげましょう。** その際も、無理やり引き出すのではなく、子ども自身の自主性や自発性を大事にしたいので、言葉を使ったゲームが最適です」

具体的には、**しりとりや、連想的に言葉をつないでいく「マ ジカルバナナ」** などがおすすめです。

　「幼児期のように単純なしりとりでは物足りないという場合は、 『3文字しりとり』『5文字しりとり』など文字数を制約して難易 度を上げると小学生でも楽しめます。この際に、大人も普段は 使わない難しい単語を意識して使ってみると、自身の脳トレに もなり、子どもの語彙力を増やすことにもつながります。

　また語彙は類語を増やすことでも増えていくので、『言い換 えゲーム』などもおすすめですね。『お風呂に入って気持ちが いいな』と言ったときに、『気持ちいいっていう言葉を使わな いで今の気分を言ってみよう』などと言ってみると、『ゆったり した気持ち』『ずっと入っていたい』『体が軽くなる』などいろい ろな言葉やフレーズが出てくるはずです。

　ちなみに、この言い換えゲームは、作文や日記の宿題などで も応用できます。『うれしかったです』『楽しかったです』を使 わないで書いてみよう、などと提案してみると、いつもの同じ感 じの文章から一歩抜け出すことができますよ」

❺ 子どもが話すのを待つ

子どもの語彙力を深めるには、親が「待つ」ことも大事です。

　「あえて余白をつくり、子どもが自分の奥底にしまった言葉が

出てくるのを待つことで、語彙力は定着します。何でも察し先回りして子どものニーズを完璧に満たしてあげるようなスーパーママ・パパではなく、**ちゃんと言わないと伝わらないし、ちょっと抜けているくらいの親のほうが、子どもはしっかり育ちます**」

忙しい日常では、親が待てないということも多くあります。

「例えば子どもが『国語のノートがね』と言っただけで『あー、もうなくなっちゃったか。明日の分くらいはまだページ残っている? いつもの24マスだよね、明日までに買っておくよ』と全部先回りして言って解決してしまうのではなく、子どもが『国語のノートがもうないの』と言い終わるまで待ち、その後も言葉が出てこない場合は『そっか。それでどうしたの?』と、相づちをうちながら、**親に何をしてほしいのかを考えさせ、言葉で言わせるようにしましょう**」

ちなみに、竹内さんは自分の子どもたちに持ち物のことを言われても「ママ、金曜日まで覚えていられないな…」と弱音を吐いたり、雨の日に「雨が降ったら学校まで傘を持ってきてくれる?」と言われても「ママは学校が終わる時間が分からないからなあ」などと言ったりするようにしているそうです。

　「子どもに『ママに任せたり頼ったりしたら危ない』と思わせたらしめたものです。忘れ物がないよう自分で持ち物を管理したり、雨で困らないかどうか、天気を確認したりするようになるはず。**自分の頭でどうすべきか考えたり、段取りをしたりすることは、話をする際の組み立て力や論理力にもつながりますし、何より子ども自身の自立につながります**」

語彙力を高めることは後伸びにつながる

　「人は言葉で物事を考えます。100語しか知らないのと1000語知っているのとでは、思考の緻密さも深さも大きく変わってきます。さらに語彙力は教科学習でいえば国語力に直結しますが、実は読解力などの国語力はあらゆる科目で必要とされる力です。文章題が読み取れなければ、計算式も立てられませんよね。

　さらに言葉によって世の中から問題意識を切り取る言語化能力は、この先の探究型学習をはじめ、子どもが世の中と向き合っていく上で大事な力。**低学年の時期に語彙力を高めることは後伸びにつながります。**

繰り返しになりますが、**語彙力を育むのは、語彙が増える黄金期で、さらに親との会話を楽しんでくれる低学年の今がチャンス** です。家庭内での親子の会話などを楽しみながら、子どもがこの先豊かに生きるための基礎固めをしていってください」

思考力に直結　家庭で磨く「語彙力」

10 勉強に諦めモード 親は「先回り」より「後回り」

農業研究者・篠原信さん

**「自分は勉強が苦手」の思い込みを克服するために、
親はどうすればいい?**

「自分は勉強に向いていない」と思ってしまう理由

　まだ低学年なのに、「自分は勉強に向いていない」と思い込み、すでにやる気を失ってしまっている——。わが子がこんな状態に陥っている場合、親はどのように対処すればいいのでしょうか。

　塾で不登校や学習障害の子どもを指導した経験を持ち、現在もボランティアで学習指導を行っている農業研究者の篠原信さんは、小学校低学年の子どもが「自分は勉強に向いていない」と思い込んでしまう理由について、「よかれと思って、つい『勉強』を強制してしまうことが原因かもしれない」と指摘します。

　「子どもが勉強を嫌がるようになる原因として、**『お勉強のスタイルが求められすぎ』『家庭での基礎的な体験が不足している』ことも多い** ように思います。

　保育園や幼稚園では興味の赴くままにやりたいことを楽しめ

ていたのに、**小学校に入学した途端、机に向かう『お勉強』の
スタイルを強制されるようになって戸惑う子は少なくありません。**

　子どもは好きなことをして遊んでいても、寝転がって絵本や
図鑑を眺めていても、さまざまなことを学んでいるもの。それな
のに『机に向かわなければ勉強したことにならない』と硬直的
に考えると、子どもは学ぶこと自体が嫌になってしまいます」

　「低学年においてもまだ、親との遊びの時間はとても重要で
す。親が遊びに十分に付き合ってあげられないと、子どもは体
験の裏付けが不足したまま、学校でいきなり文字や数を学ぶこ
とになり、興味を持てないことがあります」

必要なのは「助長」ではなく「観察」

　このような状況に当てはまる場合、親は家庭での子どもとの
関わり方をどのように変えていけばよいのでしょうか。

　子どもが「自分は勉強に向いていない」と諦めモードになっ
ている場合、親は「どんな働きかけをすれば勉強に興味を持っ
てもらえるか」を考えがちです。しかし、自分の期待を先行さ
せるのを踏みとどまってほしいと篠原さんは言います。

　「農作物を育てるとき、育ちの悪い苗を早く伸ばそうとして上
に引っ張ることを『助長』といいます。これをやると根が切れ
て翌日にはしおれてしまいます。子育ても同じで、『これをやる

ともっとできるようになるよ』と **期待を先回りさせると『助長』になり、子どもの意欲の根っこを切ることになってしまう** ので注意が必要です」

　親にしてほしいのは「助長」ではなく「観察」だと篠原さん。

　「昨日と今日とで、この子にはどんな違いがあるのだろう。それをよく観察し、**『昨日とはここが違うね』と、その差分に親が気づいて子どもに伝える** と、子どもは『自分のことを見てくれているんだな』と安心しますし、『もっと違いを出して驚かせてやろう』とたくらむようになります。同じことをしても驚かすことはできませんから、物事をよく観察し、新しい工夫を考えるようになります。それがさまざまな知的刺激をもたらします」

　2人の子の父親でもある篠原さん。算数が得意な上の子と自分を比べて数字に興味を持てずにいた下の子が、九九の二の段を言えるようになったとき、家族全員が驚いてその場で拍手をしたことがあったそうです。

　「それがうれしかったようで、下の子はすぐに九九の全ての段を言えるようになりました。人を驚かすということには、子どものやる気を促す補助剤のような効果があるようです。興味がわいてきたタイミングなら、その分野のマンガや本、図鑑などに子どもは手を伸ばすようになります」

　ただし、この順序を逆にして、**子どもがまだ興味を示してい**

ない段階で、親が本などをすすめるのは逆効果 です。

　「親が『ためになりそう』と思う本などを先回りしてすすめると、子どもは『お父さんやお母さんはこの本の内容を知っていてすすめてくるわけだから、この本を読んで知識が増えても親を驚かすことはできないんだな』と察し、ゲッソリしてしまいます。先回りはせずに、子どもが興味を持ったときに『こんな本を見つけたよ。でも無理して読まなくていいからね』と、後から渡す。そんな**『後回り』するくらいの接し方が大切** だと考えています」

今まで見てこなかった着眼点で子どもを見る

　子どもを観察するときは、親が今まで気付かなかった側面を見ようとすることも大切 だと篠原さんは話します。

　「親御さんは勉強のことが気になっていると、『宿題はやったのか』『学校の授業についていけているか』など、自分が見たい着眼点でしか子どもが見えなくなります。でも、子どもは友達と遊ぶ中でいろいろな体験をしたり、背が伸びて以前は届かなかったところに手が届くようになったりと、日々さまざまな変化が起きています。今まで観察したことがなかったいろいろな着眼点から子どもを観察してみてください。それが『親は自分のことを見てくれている』という安心感につながります。

　着眼点を増やすには、自分の知らないこと、気づかなかった

ことを探す ようにしてみてください。『こうであってほしい』と
いった期待が強すぎると、自分の見たいもの、知りたいものし
か見えなくなります。**『期待』を脇に置き、観察すれば、『こん
な声かけをするといいかも』という仮説が自然と湧いてくる** と
思います。ちなみにここでいう観察とは、『まだ私が気づいて
いない、知らない面はないだろうか』と探すことを指します」

　また、日常生活の中であふれている意外な「不思議」を子ど
もと一緒に観察し、不思議がると、自然と子どもの好奇心が強
まっていきます。

　「お風呂の窓はなぜ曇るのか、流れ落ちる水の糸はなぜつ
かめないのかなど、日常生活の『なぜ?』と問い直してみると、
意外と分からないことだらけ。大人はその理由を説明できる気
になるかもしれませんが、厳密に考えると窓の曇りだって、な
ぜ目に見えないほどの小さな水滴があれほど均等に分かれて、
水滴同士がくっつかずにいられるのか不思議でしょう?

　ですから子どもと一緒になって『なんでだろうね?』と不思議
がり、観察しては仮説を述べ合っていると、子どもはその不思
議が意識のどこかに引っかかり、関連する情報と出合ったとき、
『これだったのか!』と驚きます。**そうした出合いは記憶に刻
まれるため、理解も深まり応用力も段違いに高くなります**」

「遊びの中での学び」を優先させる

　家庭での基礎的な体験の不足から勉強嫌いになっている場合、小学1、2年生なら、遊びの中で体験を蓄積しましょう。

　「トランプの七並べでも、マークごとに分類したり、数字の順序を判断したりと、かなり頭を使います。遊びのルールを理解し戦術を練ることは、論理的思考や数学的思考の基礎になります。親子で絵本を読んで文字に親しむことは、言葉や文字を操る力になるでしょう。

　子どもは遊びの中で楽しみながら学んでいくので、もし学校の勉強に進む前の基礎的体験に不足があるようなら、ドリル学習などの『お勉強』は後回しにして、**まずは親子でたくさん遊んで、頭の中に学びの基礎となる『体験ネットワーク』を構築**してください」

しかし、現実的に、学校の宿題をやらないというのは問題です。こういうときは、どうすればよいのでしょうか。

　「学校の課題に取り組む前の基礎作りを子どもと遊びの中で取り組んでいる最中であれば、**親が『宿題はやらなくても仕方ない』と腹をくくることが必要なときもあります。** やってもチンプンカンプンなのに無理やりやらせても、力にはなりません。先生には、『宿題できなくてすみません』と親が謝り、遊びの中で体験ネットワークの構築を優先することがあってもよいと思います。

　もし、そろそろ限界かな、と感じた場合は、『先生に謝って乗り切ってきたけど、さすがに限界！　今から一緒にやろうか？』と声をかけてみたら、そこからやる気になることが意外と多いです。どうせやるなら『何分でできるかな？　よーい、どん！』とタイマーで時間を計りながら取り組むなど、**宿題をやること自体を遊びにしてしまうのもおすすめです**」

　子どもが宿題をやり終えたら、親は驚くポイントを見つけてほしいと篠原さんは言います。

　「子どもの字の多くが雑だったとしても、『この字、きれいに書けたね』とうまく書けた字に気付くと、子どもはきれいに書く工夫をたくらみはじめます。そして、速く書いた割にはきれいな字を見つけたら、『よくこんな速度できれいに書けるね』と驚いてみてください。子どもは速く書いても字がきれいになるよう

に、さらに工夫に磨きをかけようとするでしょう。子どもは親を驚かすのが大好きですから」

「なぜ勉強をしなくちゃいけないの?」には?

YouTuberやプロゲーマーなどの職業に憧れている子どもは、「自分の夢をかなえるには学校の勉強は必要ないように思うのに、なぜ勉強をしなくちゃいけないの?」と聞いてくることがあります。このような質問をされたら、親はどう答えればよいのでしょうか。

「以前、同じ質問を小1の子にされたことがあります。一晩考え、『学ぶのは面白いから』と答えました。私自身、年齢を重ねても一生楽しめる遊びは『学ぶ』ことくらいだと思っています。

自分は勉強に向いていないと思っている人でも、テレビで面白い話を聞いたら、『ねえ、これ知ってた?』と他の人に教えたくなるもの。勉強嫌いな人は『勉めて強いられる』、**強制の『お勉強』スタイルに馴染めずにいるだけで、知的好奇心は十二分にあります。**『知らないことを知るって楽しい』ということを知っている人は、どんなことからでも学びます」

生活の至るところに、学びは存在しています。

「テレビのお笑い番組でもYouTubeでも、『この人のギャグはなんでこんなに面白いんだろう』と考えながら観察するなら、

101

それは立派な学びです。マンガでもアニメでも、自分の知らないこと、気づいていなかったことを探す『観察』を楽しめば、さまざまな発見があり、学校の勉強に通じる知識が得られます。**知らないこと、気づかなかったことを探す『観察』を楽しんでいれば、どんなことからも子どもは学んでいく**と考えています。

　小学校低学年の時点でテストの点が悪くても、宿題をやる気がなくても、学ぶ力がないわけではありません。『よい大学に入ってほしいから、学ぶことを好きになってほしい』などと親は期待してしまうかもしれませんが、順番が逆ではないでしょうか。

　学ぶことが楽しいからこれからも学び続けたい、そのためにはどうしたらよいのだろうということを、子ども自身が考えるようになればよいと思います。『お勉強』というスタイルにこだわらずに、遊んで学び、学んで遊び、遊びと学びの境界線をなくして、『学ぶって楽しい』と思えるように子どもをサポートしてください」

11 漢字、文章題… つまずきへの対処法

花まる学習会代表・高濱正伸さん

低学年が身に付ける学力は「基盤力」。親が子ども の勉強から離れるべきタイミングとは？

子を勉強嫌いにさせない対応を

小学校低学年は学びの道のスタート地点。先はまだまだ長いのだから焦る必要はないとは思う一方で、低学年の時点でわが子が勉強でつまずいてしまった場合、親としては「この先大丈夫だろうか？」と焦りや不安を感じてしまうかもしれません。

これに対し、低学年の学習に詳しい花まる学習会代表の高濱正伸さんは次のように話します。

「低学年で学ぶことは、生きていく上で必要なものばかりです。文字や計算、時計の読み方といった低学年で身に付ける学力を、私は『基盤力』と呼んでいます。周囲を見渡してみれば、大人になっても時計が読めなかったり、お店のメニューが読めなかったり、おつりが計算できなかったりする人はいないはず。**多少つまずくことがあったとしても、低学年の勉強は必ずできるようになるので心配はいりません。**

とはいえ、わが子が勉強につまずいたり、理解できていない

Chapter

II

勉強面

漢字、文章題… つまずきへの対処法

103

様子があったりすると、親が心配になってしまう気持ちは理解できます。ここで絶対に避けたいのは、子どもが勉強嫌いになってしまうような親の出方です。**低学年の勉強のつまずきは必ず追いつけますが、一度勉強嫌いになってしまった気持ちを変えることは難しいからです**」

　漢字・計算・文章題など、子どもが何につまずいているかによっても親が取るべき対応は異なってくると高濱さん。中には、親がこだわるべきではないケースや、むしろ子どもの勉強から離れるべきケースもあります。

> 単純なことで怒られても致命的な傷にはならない

漢字や計算練習をしない
↓
単純な練習は、親主導でさせてよい

　「『漢字が書けない』『計算ができない』のは単に、練習が足りていないからです。やらなければできない一方で、**繰り返して練習しさえすれば、誰でもできるようになるという単純なものは、親が主導で練習させて問題はありません。**

　低学年の子の心はゴムボールのように弾力性が高く、親から『やる』『やらない』レベルの単純なことで怒られても、気に病んだりはしません。極端に言えば、親から『しっかり練習をし

なさい』と多少叱られながら練習をしたとしても、子どもは『自己否定をされた』と受けとったり、心の傷になってしまったりというようなことはないのです。

練習した分だけ成果も出るため、勉強が嫌いになるというような根本的な問題も起きにくいのがこの分野です」

> 発達段階が伴えば一瞬で追いつける

算数の文章題が解けない

こじれそうになったら、親は一度離れる

「 **算数の文章題に関しては、親の関わり方に注意が必要です。** 文章題は、読んで抽象化していく力など、ある程度の読解力と思考力が必要となります。

ただし、1、2年生で、まだ発達段階が伴っていない場合、文章題で何を問われているのかがピンと来ない子もいます。問題を見てモジモジしていたり、ボーッとしていたりするわが子の様子を見ていると、親としては『何でこんなに簡単な問題が分からないの?』とイライラが募ってしまうこともあるかもしれません。しかし、子どもの気持ちを代弁するならば『自分が、何が分からないのかも分からない』という状態なのです」

そう聞くと親はますます焦ってしまいますが、**「低学年の文章題へのつまずきは、その子にとっての『時』が来れば、誰もが一瞬で追いつけるもの」**だと高濱さん。

　「文章題では思考力が必要とはいえ、小学3年生の分数以前の勉強はそれほど難しいものではありません。文章題でつまずいていた子が、あるとき急に理解できるようになり、一瞬にして遅れを取り戻すという光景をよく見かけます。こうした瞬間を私たちは『発達段階が追いつく』と表現しています」

子どもは親のイライラが耐えられない

　「何が分からないのかも分からず、ボーッとしているわが子に親がイライラする」→「子どもはどうしていいか分からない」→「成績が伸びない」→「親が怒る」→「子どもはますます嫌になって、文章題アレルギー、あるいは算数アレルギーになってしまう」。一度、親子でこういった悪循環に陥ってしまうと、なかなか抜け出すのは難しいものです。

　「親、特に母親は子どもとの心の距離が近い分、母子で上記のような悪循環に陥りやすい傾向があります。この場合は、**一度母親が子どもの文章題の勉強から離れる以外に解決策はありません。**文章題に歯が立たないという場合は、学校や塾の先生などの第三者に任せ、母親はできるようになってから『すごいじゃない』『いつの間にかできるようになったのね』と認める側に回ってください」

　この場合、**父親の出番かどうかは、どれだけ遊び感覚で勉強に付き合えるか、父親のパフォーマンス力次第** です。

　「たまに本当にうまく子どもの勉強を盛り上げて、遊び感覚に持っていけるタイプのお父さんもいます。ただ、子どもは敏感で『どうせまた文章題を教えようとしているんでしょ』と親の意図をかぎとってしまうので、少しでもうまくいかないようであれば、すぐに切り上げて、第三者を頼ってください」

　第三者が教える場合は教科書的な教え方であったとしても、子どもは耳を傾けることができるもの。第三者と親とでは何が違うのでしょう？

　「親は愛情があるがゆえに、どうしてもできないことにイライラしたり、『文章題ができないという問題を抱えた子』扱いをし

たりしますよね。 **子どもはそうした親からのイライラや『問題のある子扱い』に耐えられないのです。** 第三者であれば、客観的な距離感があり、余計な感情がついて回らないため、子どもも素直に耳を傾けることができます」

> 何かとケアレスミスが多い
> ↓
> 放っておいてよい

　計算式の答えはちゃんと出ているのに、解答欄に違う数字を書いてしまう、cmで聞かれている問題なのに、解答欄にはmと書いてしまうなど、ケアレスミスが多いタイプの子もいます。これに対しては、**「まずは、それが本当にケアレスミスなのかどうかを、細かく見定める必要がある」**と高濱さん。

　「漢字の送り仮名の間違いはケアレスミスではなく、覚え間違いですし、単位についても考える過程で、必要な単位換算ができているかどうかなど、確認が必要です。その上で、本当にケアレスミスが多いタイプだという場合は、**注意することはできても、完全に直すことは難しいので、その傾向をある程度受け入れる** しかありません。実はかくいう私もこのケアレスミスタイプです（笑）。

親が『またどうしようもないミスをして』と目くじらを立てて
怒ってもどうにもなりません。もし冷静にコメントできるのであ
れば、『あら、またやっちゃったんだね』と伝え、注意を促すく
らいで十分です」

「勉強本来の喜び」を学び直すには

注意をすると反発する

↓

パズル・迷路を楽しませる

　「『この計算違うよ』『この漢字ははらうのではなくてはねる
んだよ』などと指摘をすると反発するという子は、マルがつくこ
とや、親が喜ぶことが勉強の目的になってしまい、失敗するこ
とが嫌になってしまっています。このタイプの場合は、**勉強本
来の『できた！』『解けた！』という喜びを学び直す必要があり
ます**」

　おすすめは、パズルや迷路を楽しむこと。

　「子どもにとって、パズルや迷路は、遊びなので楽しんで取
り組むことができます。その中で、集中力、図形感覚、俯瞰（ふかん）し
て見る力、（ゴールにつながる迷路の道など）見えないものが
見える力など、さまざまな力が養えます。さらには、最後に『で
きた！』というスッキリ感を味わうこともできます。できた喜び

を味わえるようになった子は、**勉強でも『できるまで頑張って みよう』という気持ちを持てる** ようになるでしょう」

この先の
受験・進路、
どう考える?

中学受験と高校受験、どちらを選ぶ?
そのために塾はどうする?
この先の進路を模索する上で
考えるべきことを
専門家が解説。

12 「不安先行型」の親がはまる落とし穴

教育デザインラボ代表理事・石田勝紀さん

「伸びる子」の親にも共通点。「中学受験を選ばない
ほうがいい子」のタイプとは?

「こう育てればこう伸びる」といった正解はない

　自分の子ども時代を振り返ってみると、さらりと勉強をこな
し、人によってはスポーツも得意な文武両道タイプの「優秀な
子」がいたという記憶はないでしょうか。中には周囲からは頭
一つ抜け、ずば抜けて秀でた子もいたかもしれません。

　こうした子どもたちの優秀さとは、持って生まれた遺伝的な
資質によるものなのでしょうか? それとも親の能力に関わらず、
工夫次第でわが子を「優秀な子」にすることは可能なのでしょ
うか?

　これに対し**「子の優秀さは必ずしも遺伝だけによるものでは**
ない」と話すのは教育デザインラボ代表理事で、多くの親子に
接して来た石田勝紀さんです。

　「当然、親が優秀だと遺伝的に子も優秀になるということも
あります。けれども、親が自分に自信がある場合、かえって子
どもに親の価値観を押し付けてしまい、つぶしてしまうというこ

ともあります。

　親も子も、人によって生まれ持った資質や性格、環境などが異なるため、『こう育てればこう伸びる』といった正解はありません。資質があっても、親の対応次第でつぶされてしまう子もいますし、逆に資質がずば抜けたものでなかったとしても、親の対応がよければ子どもはしっかり伸び、その子らしい道を歩んでいけるようになります」

　とはいえ、**伸びる子の親には共通した特徴がある**ようです。

　「優秀な子には中学受験でサクサクと上位校に受かっていくタイプの子から、受験をせず公立中学に進学し、趣味や部活動、生徒会活動に励んだ後、高校受験で上位校に入っていくというタイプまでさまざまです。ですが、どのタイプの子でも親には共通した特徴があります」

ケアレスミスは 練習させる？ 放っておく？

　子どもを伸ばす親に共通した特徴とはどのようなものなのでしょう。

　「**子育ての大原則は『親が邪魔をしなければ子は伸びる』**です。伸びる子の親に見られる共通した特徴とは、まさに『子どもの邪魔をしない』ということ。当たり前のように聞こえるかもしれませんが、親だからこそ、時によかれと思ってつい邪魔も

してしまうのです」と石田さん。

　子どもの邪魔をしないために必要なのは、**「子ども目線に立つこと」**、そして**「物事の本質を理解すること」の2点**です。「子ども目線に立つというと『寄り添う』と理解する人もいますが、単に『寄り添う』と、つい子どもに同化したり先回りしたりし、過保護に陥ってしまうことも。そうならず子ども目線に立つには、**『子どもの心がどう動いているかを観察する』ことがポイント**です」

　具体的にどういうことなのか、低学年の子どもが算数の計算でケアレスミスをしている場面での対応を例に見ていきます。

低学年の子どもが 算数の計算でケアレスミスをしている場面で

【A】　計算練習が足りないからミスをすると考え、 計算練習をたくさんさせたり、 塾に通わせたりする

【B】　計算方法は理解できているから、 ケアレスミスは大きな問題ではないと考え、 基本的には放っておく

　「子どもの邪魔をしてしまう親」は【A】の対応をするタイプ

です。

「そもそも計算のケアレスミスは、練習不足が原因ではありません。ただし、【A】の対応をするタイプの親は、不安先行型のため物事の本質が見えにくいという特徴があります。そのため、**親の不安を埋め合わせるために子育ての正解を探し、『成功モデル』に子どもをハメようとしがち** です。

本来、成功談や体験談はその **子どもの性格や資質といったベースの上に成り立つものなので、単純に別の子にあてはめることはできない** はずですが、不安が先立ってしまうと、そうした物事の本質を冷静に見ることができなくなってしまいます。そして、わが子に合う・合わないを十分に吟味することなく、評価が高いテキストを買い与えたり、評判がよい塾に通わせたりし、子どもに余計な負担を課してしまいがちです」

小3になっても自分から宿題をしない理由とは…

さらに【A】タイプの親は、子どもの心の動きも見えていないことが多くあります。

「人は『よいことを褒められる』と『もっとやりたくなる』一方で、『ダメなことを指摘される』と『うんざり』して、『やりたくなくなり』ます。

ちょっとミスをするごとに『もっと計算練習をしなさい』

Chapter III 受験・進路
Chapter
III

受験・進路

「不安先行型」の親がはまる落とし穴

115

『ちゃんと勉強をしなさい』などと口うるさく言われたら子どもはうんざりしてしまいます。『ガミガミ言われる』→『心の状態が上向かない』→『勉強が嫌になってしまう』という悪循環を引き起こし、結果として『できていた子』をつぶしてしまいます。

　こうした不安先行型の親は、計算ミスに限らず『ゲームばかりしないで宿題をしなさい』などと何かにつけて口出しをしてしまいますが、子どもは親が言わなければ不安になって宿題をします。**小学校3年生以上になっても自分からやらない子は、往々にして親がそれまでに言いすぎてきたケース**。これもまた親が邪魔をしてしまっているパターンです」

　とはいえ、低学年の場合はまだまだサポートが必要な時期でもあります。低学年親に必要なのは、サポートしつつも**「できることから手放していく」という視点を持つこと**だそう。

　「低学年の時期は、親が『何時になったら宿題する？』などと声をかけて『帰宅後は宿題をする』といった勉強習慣を身に付けることが必要ですし、宿題や翌日の用意などで分からないことを手伝う必要もあるでしょう。

　ただし、こうしたサポートは少しずつ外していくことが大事です。外してみてできないときは再度サポートに入るなど調整をしながら、小学3年生を目安に子どもに任せていくようにします」

子どもの邪魔をしない親が見えているもの

　一方「子どもの邪魔をしない」【B】タイプの親は「物事の本質が見えている」のだそう。

　「ケアレスミスは計算能力とは別物です。計算スピードを上げるために練習量をこなすというのは理にかなっていますが、**ミスをなくすためにすべきは見直し**です。【B】タイプの親は落ち着いている人が多く、こうした部分が冷静に見えていることが多いです。

　子どもがどこでつまずいているのかを知り、本質的な理解が不十分な場合はフォローが必要ですが、**ケアレスミスであれば学習意欲を下げないためにも、うるさく口出しをしないほうがよい**でしょう。気になる場合はテスト対策として『計算が終わったら3つ間違いが見つかるまで探してごらん』などと、見直しをするように声がけをすれば十分です」

「不安先行型」の親がはまる落とし穴

中学受験する・しないの選択で注目すべきこと

　子どもを邪魔する・しないといった対応は、中学受験を「する・しない」の選択でも分かれます。

　「中学受験をする・しないは低学年親にとって関心あるテーマの1つだと思いますが、注目すべきは、わが子が『中学受験向きか、そうでないか』という本質です。

　本来、**中学受験向きの子は一握りの『早熟な子』に限られます。**早熟ゆえに学力が高く、学校の勉強が簡単すぎてつまらない、学校の友達と話が合わなくてつまらない、と感じているタイプの子です。このタイプの子は、塾に通うことで同じタイプの友達と出会うことができます。知的好奇心が旺盛でハイレベルな塾の授業も楽しめるので、総合的な意味で『中学受験向き』といえ、結果的に無理なく上位校に進学していきます」

　わが子がこうした早熟タイプで、本人も受験を希望する場合は中学受験を選択して問題ありません。一方で、**学力が高くても、本人が受験に興味を持たない場合や、早熟タイプでない場合は、むしろ戦略的に公立中に進学し、時期を待ったほうがよい**と石田さんは言います。

　「早熟な子は、伸びる時期が早く来るため、人生の早い段階からスタートする学校教育システムの中では得をすることも確かです。でも早熟な子もそうでない子も人生トータルで見

ると同じように伸びていくので、『早熟でない子は優秀ではない』ということではなく、『今はまだ時期ではない』ということ。**挑戦する時期を先送りにしたほうが親子共に無理がありません**」

省エネで育てられる子の親の共通点

　ただし中学以降で伸びていくためには、小学校時代の基礎学力が身に付いていることが前提です。

　「**小学校のテストで8割取れていなければ、中学生以降も伸びることができないので、基礎学力固めは必須** です」

　一方で、基礎学力がありその子なりに興味のあることを幅広く経験したり、1つのことに没頭したりして自分を深める体験をしてきた子は、個人差はあるものの一般的には中学2年生の夏ごろに勉強スイッチが入るといわれています。

　「中学2年生はまさに思春期で、精神的にも肉体的にも大人へと脱皮していく時期。抽象的な概念を理解できるようになると同時に、受験やそれに伴う内申点を意識するようになり、自然とスイッチが入る子が多くいます。勉強のスイッチが入り自ら取り組むことが、その子が大きく伸びていく要素の1つです」

　公立中学進学後、生徒会活動や部活動にたっぷり取り組み、中3の夏という一般的には遅い時期から塾に通い始めたりして、さらりと志望校の合格を勝ち取っていく。大人からしてみたら

金銭的にも労力的にも省エネで育てられる子も一定数います。

「こうした子の親は共通して『**勉強のことは子どもに任せています**』と子どもを尊重し、**子どもが困ったときのみサポートするという姿勢に徹しています。** 先回りタイプや教育ママ・パパタイプではありません。『子どもに任せられる』背景には、子ども自身が勉強の仕方を分かっているから安心できることと、親が余計な口出しをしないから子どもがしっかりするという、両方の側面があると思います

よく子育てでは『待つことが大事』といわれますが、このタイプの親は『意識的に待つようにしてきた』というよりも、**子どもの自主性を重んじて『何とかなる』と楽観的に見守ってくる中で、結果的に『待つ子育て』ができてきている** のだと思います。

こうして子どもを尊重し、親が邪魔することなく育てていれば、勉強面とは限らずとも、必ずその子なりの資質を生かした芽をしっかり出し、伸びていくはずです。親はそれを応援してあげてください」

親自身が楽しむことに時間を使う

つい子どもに余計な提案をして結果的に「邪魔」をしてしまう**不安先行タイプの親は、もっと自分が楽しむことに時間を使うとよいかもしれません。**

「子どもばかり見ていると欠点が目に付き不安になって、あれこれ声をかけたり、問題集を買ってきたりと余計なことをしてしまいます。仕事や趣味など、自分が楽しめることに気持ちを向けてください。心が満たされると、気持ちにゆとりができ、自然と子どもの長所に目がいきます。親に余裕があって笑顔があると、子どももうれしいし、自分も人生を楽しみたいと思ったり、やるべきことをやろうと思ったりするようになるものです」

改めて**「親は必要なサポートはしても、余計なことはしないのが一番」**だと石田さん。

「種を土にまくと、芽が出てきます。水をコツコツあげて見守っていくと、自分で光合成をして、やがて花を咲かせますよね。これはまさに子育てそのもので、子は親に水をもらっているうちに、ほどなくして自立し、そして自分らしい花を咲かせていきます。

親はどんな花が咲くか楽しみにしながら、観察をして育てていけばいいのです。**途中で『もっと伸びろ』と引っ張れば抜けてしまうし、水や肥料を過剰にあげすぎても枯れてしまいます。**そして、まいた種がヒマワリの種だった場合、どんなにタンポポの花を咲かせたいと思ったところで、ヒマワリしか咲きません。

ヒマワリもタンポポもきれいな花。どちらの花が咲いてもうれしいじゃないですか。コツコツ水をあげ、必要なサポートさえしていけば、いずれその種なりの、大輪の花を咲かせてくれる日が必ず来ますよ」

13 中学受験と高校受験 相性の見極め方

QLEA教育事業部部長・石井知哉さん

中堅校が増えていることも迷う原因に。受験すべき かどうかの見極めチェックリスト。中学受験の勉強 は就活にも役立つ?

中学受験が加熱している背景は

中学受験熱が高まる中、低学年のうちから塾通いを始める など着々と準備をしている家庭も多いかもしれません。一方で、 「小学生のうちはのびのびと育てたい」「子ども本人のやる気が 追いついていない」「高校受験ではダメなの?」などと悩んでい る家庭も多いことでしょう。

中学受験と高校受験、わが子はどちらに向いているのかを どうやって見極めればよいのでしょうか。学習塾を運営する QLEAの教育事業部部長で、保護者向け教育情報サイト「高 校受験ナビ」を運営するSchool Post主宰の石井知哉さんは **「中学受験の選択肢が広がってきていることも、迷う一因**かも しれません」と言います。

「一昔前までは中学受験に有利なのは『精神年齢の高い子』 『学校の成績が良い子』といわれ、偏差値ありきで受験や学 校選びが行われていました。しかし、近年ではカリキュラムも

多彩で、面倒見がよく個性を伸ばす中堅校が増えてきました。

その結果、学校とわが子の相性を考えて受験をする家庭も多くなり、中堅校を狙う層が厚くなりました。**従来の中学受験向きのタイプだけではなく、幅広い子が中学受験にアプローチできるようになってきています**」

そのため「わが子だけ受験しなくて大丈夫?」などと、親の焦りや心配が増しているとも考えられます。

「大切なのは中学受験がすべてではない、中学受験ありきではないことです。私は進学塾で小学生の中学受験から、高校生の大学受験、大学生の就活アドバイスもしていますが、現時点の正解が将来にわたって正解であり続けるとは限らないのです。過酷な中学受験を乗り越えて難関校に合格したとしても、燃え尽きて不登校になる子もいます。

現実的な問題として、**中学受験への向き・不向き、中学受験と高校受験の制度的な違いなども存在**します。総合的に判断し、わが子がどちらに向いているか、しっかり見極めた上で判断するのがいいでしょう」

中学受験の経験は一生モノ

そもそも中学受験のメリットはどこにあるのでしょうか。石井さんは2つのメリットを挙げます。**1つは「中高一貫校で先取り**

中学受験と高校受験 相性の見極め方

学習ができる」ことです。

　「中高一貫校なら、特色あるカリキュラムで探究型の学びを深めることができますし、先取り学習をして高校3年生の1年間を受験勉強にあてることができます」

　もう1つが、**「中学受験の経験は一生モノである」**ことにあります。

　「中学受験のために塾通いをする子は膨大な問題を解くことになり、これによって高い基礎学力を培うことができます。この段階で培った基礎学力があれば、多くの企業の採用選考で受けるSPI（総合適性検査）の言語分野（国語）、非言語分野（数学）などもラクに解けるでしょう」

　ただし、中学受験には「親のフォロー」が必要です。

　「膨大な宿題の管理や塾の送迎、お弁当作りなど、親と子どもが二人三脚で進めていける環境があるかどうかが鍵となります。親本人が中学受験をしていると、『子どもにも中学受験をさせたい』と考える人が多いのですが、**一昔前と今とでは受験制度そのものがまったく違います。**

　1月にお試し受験をする『前受け』、同じ日に午前と午後の試験を受ける『ダブル入試』など受験そのものも複雑化。そうした情報をキャッチアップし、その上でわが子にマッチした志望

校を見つけることなどが重要な親の役割になります」

　一方、高校受験の場合、小学校では塾通いをせずに比較的のびのびと過ごせる点がメリットと言えますが、公立高校への進学を希望する場合は「内申点」が関わってきます。中学1年〜中学3年の2学期までの定期試験の点数以外に「思考・判断・表現」「主体的に学習に取り組む態度」からも評定されるため、**定期試験の点数＝内申点ではないことに注意が必要です。**

　「内申点には主に授業態度、宿題や課題などの提出物、定期テストの3つが関わってきます。例えばテストの成績がいくら良くても授業態度が悪い、宿題や課題をよく忘れる、字が汚い、授業中にペンをクルクル回すなど行儀が悪いとみなされると、内申点が低くなることもあります」

　小学校の成績は「よくできる」「できる」「もう少し（がんばろう）」という3段階評価で、多少できなくても担任が大目に見てくれることもありますが、**中学では一気に評価基準がシビアになります。**

　「真面目で勉強熱心、学校行事にも積極的に参加するといった優等生タイプなら問題ありませんが、教師に対して不必要に反抗するなど、授業態度が悪いと、それだけで内申点が下がります。もし、『わが子は評価が低くなってしまうかも』と心配な場合は中学受験か、内申点の影響が少ない私立高校メインの受験を検討してもいいと思います」

　では、わが子が中学受験に向いているかどうかの見極めは、どうしたらいいのでしょうか。まず「向いている子」とは、どんな子でしょうか。

　「それは主体性のある子です。**自分の意見をしっかり言えて、どうしたいか考え、決定し行動できる子** ですね。中学受験では志望校のリサーチを主に親が担当することになりますが、親が用意したものに対して、自分の意思で取捨選択ができる子は強いです。精神年齢の高い子は、小学校高学年になるとそれができます。

　また、小学校に不満がある子、授業態度は良くないけれどもペーパーテストの点が高い子は、受験をしたがるかもしれません」

　一方、「中学受験に不向き」なのは、どういった子でしょうか。

　「分かりやすく言うと、**『今の小学校生活に100％満足している子』**です。今の友達と一緒に地元の中学に通いたい、今のままで楽しいのに、なぜわざわざ心地よい環境を捨ててまで、大変な中学受験をしなくてはいけないのか——と思うと、モチベーションが上がりづらくなります。

　また、野球やサッカー、ピアノなど何かの習い事に熱中している子も『大好きな習い事をやめてまで受験したくない』と思

う場合もあるでしょう」

成熟度の見極めに役立つチェックリスト

わが子がどちらのタイプかを見極めるのは、最も近くにいる
親の役目となります。

「ただ、子どもが家で見せる顔と、外での態度が違う場合も
あります。『こんなに幼くて大丈夫?』と思っていても、家の外
ではしっかりしているケースもあります。もし、子どものほうか
ら『中学受験をしたい』と言い出した場合は、**親だけではなく、
学校や塾の先生から見た子どもの成熟度とあわせて判断** する
といいでしょう」

また、客観的な判断をするには、次のページのチェックリス
トも役立ちます。基本的に当てはまる項目が多いほど、中学受
験向きといえます。現時点で当てはまる項目が少なくても、受
験勉強を通じて増えてくることもあります。

「勉強はリターンが得られやすいため、個人的には**『迷った
ら受験してみる』のもアリ** だと考えます。中学受験を通じて得
られるのは学力だけではなく、厳しい状況をくぐり抜けたことに
よる成長も含まれます」

中学受験向き？ チェックリスト

☐ 家で短い時間でも
　勉強する習慣が付いている

☐ 小学3年生の2学期の時点で
　学校の授業内容の理解度、定着度が高い

☐ 本や図鑑、漫画など、活字を読むのが好き

☐ 知的好奇心が強い

☐ コツコツと努力を続けることができる

☐ 自立心があって周りに流されない

☐ 人と競争するのが嫌いではない

☐「何が何でもこの中学校に行きたい！」
　という志望校がある

☐ クラスメートや友達と同じ中学校に
　進めないことを受け入れられる

☐ 塾通いを楽しめる

受験を通じて得られるものとは

　中学受験、高校受験といった「受験」をする意義とは何でしょうか。石井さんは「日本に残された、精神的に自立した大人になるための通過儀礼」だと言います。

　「社会で独り立ちしたときに役立つ、変化や状況に対応するための『学習能力』は、活字を読み、試行錯誤しながら自分で理解を深めてきた受験勉強の経験を通じて身に付くものです。また、受験は子どもの精神力を鍛える貴重な機会でもあります。今は子どもの負荷を極力減らす子育て、教育が主流で、子どもにやさしい無菌社会といえるかもしれません。**中学受験や高校受験を、メンタルの強さやレジリエンス（強じん性）を養い、自己肯定感を育むための機会** として捉えてみてはどうでしょうか」

　受験には主体性が必要であり、それは精神年齢の高さに関係します。それだけでなく親の心がけも大きく影響するものです。

　「精神年齢の成熟度はその子によって違いますが、親が何でも先回りしてやってあげてしまうと、子どもの自立が遅くなることもあります。実は **親がどれだけ早く子離れできるかも受験に関係してくる** と思います」

　さらに、親としては時間とお金をかけるほど「何としてでも合格を」と目の色を変えがちですが、子どもにとっての「最適解」を求める姿勢も大事になってきます。

「極端なことを言えば、**たとえ全落ちしたとしても、『よく頑張ったね』と子どもの成長や努力を認められる家庭は最強** です。逆説的に聞こえるかもしれませんが、偏差値や点数ではなく、子どもの成長するプロセスに目を向けられる家庭は、結果的に合格するケースが多いとも言えます」

中学受験、高校受験のどちらにも通じるアドバイスとして、石井さんは次のように語ります。

「**受験が大変と感じるときは、子どもを選手だと考えてみてください。親は選手をマネジメントする監督、塾は技術面を指導するコーチ、きょうだいや祖父母は選手を支えるサポーター**です。選手を追い詰めることなく、ぜひ最強のチームで選手が実力を発揮できるよう支えてあげてください」

14 低学年の進学塾通い 焦りはリスクに

伸学会代表・菊池洋匡さん

低学年のうちは先取りよりも後伸びのための下地づくりが大切。そのために伸ばしたい「3つの力」とは

わが子にとって本当に必要なことは？

　周囲の子が塾通いを始めると親は焦りを感じますし、さらに大手進学塾に通い始めたという子がいると、「先々で大きく差がつくのではないか」「もし受験を選択する場合、後れをとるのではないか」と不安を感じることもあるかもしれません。

　これに対して「まず親がすべきは、今わが子は何をする時期なのか、本当に塾通いが必要なのかを冷静に考えることです」と話すのは中学受験専門塾・伸学会代表の菊池洋匡さんです。

　「親の焦りの原因は大きく2つあるように感じます。**1つは『目下の子どもの成績が親の期待通りではない』ということ** でしょうか。成績が特別悪いわけではなくても、通知表の成績が『とてもよい』でないために焦ってしまうパターンですね。でも低学年の場合、通知表やカラーテスト（単元ごとに行われるテスト）の結果の善しあしはさほど重要ではありません。

　大事なのは『なぜこの成績なのか』を冷静に分析し、原因を

把握することです。原因によっては、学校で少し後れをとっていたとしてもまったく問題のない子もいます。また、低学年の時期に、表面的な焦りからやみくもに塾通いをすることはむしろリスクになってしまう場合もあるので要注意です。

　もう1つの原因は『今は特に学力に問題は感じていないけれども、このまま何もしないでいると周囲に後れをとるのではないか』という漠然とした焦りや不安ですね。ただ、受験勉強がスタートする新4年生の時点で大事なのは、先に進んでいることよりも、新4年生以降に伸びていく下地がつくれていることです」

先取り目的の塾通いは要注意

　まずは1つ目の「子どもの成績が親の期待通りではない」ケースについて。

　「子どもによっては未就学のうちから先取り学習でひらがなや漢字、計算の勉強などをしているので、先取り学習をしてきた子としていない子では学力に差が出て当然です。これまで、特に学習系の教室に通ったり、通信教材を活用したりしてきておらず、親が積極的に勉強を教えてきたわけでもない、ということであれば、成績が思うほどでなかったとしても仕方がないと思います。

　こうした子は、習えばしっかり吸収して伸びていく可能性が

高いので、特別焦る必要はありません」

　このタイプの子の親が最も避けるべきは、焦って親が九九や筆算の仕方などを教え込むこと だと菊池さん。

　「算数は、知識を詰め込めば目下の成績は上がります。しかし算数の知識が他の科目の知識と異なるのは、知識を得ることで理論を考えなくなってしまう点です。

　例えば九九は知識なので、覚えてしまえば最初のうちはそれで問題は解けます。でも『ロクハシジュウハチ』と呪文のように覚えているだけで、6のかたまりが8あるというイメージがない。

　そういう子は、次のステップでわり算をするときに、48個のものを『6等分する』『6つずつに分ける』などとイメージせず『大きい方を小さい方で割る』で片づけてしまいがちです。そして、小数を習ったときに、『6個のリンゴを12人で分けます。1人何個？』と聞かれて、1人1/2個（0.5個）ではなく『2個！』と答えたりします。

　理解が伴わずただ単に九九が暗唱できるだけというのは危ない ことが伝わったでしょうか。これは高学年になって出てくる公式の丸暗記なども同じです。算数の知識の詰め込みは伸び悩みにつながるリスクがあるので、先取り目的の塾通いは要注意です」

後伸びにつながる3つの力

2つ目の「このまま何もしないでいると周囲に後れをとるのではないか」という焦りに対しては、**「低学年の時期は先取り学習をするよりも、後伸びにつながる3つの力を身に付けてほしい」**と菊池さん。

新4年生までに身に付けておきたい力

❶ 学習習慣

❷ 知識力

❸ 地頭のよさ

❶ 学習習慣

「学習習慣が身に付いてることによる高学年以降の後伸び効果は、とても大きい です。そして学習習慣を身に付ける上でポイントとなるのは、家庭での学習フォローです。

低学年の場合、自ら進んで学習ができる子はまだほとんどいないため、**親が寄り添って『ここをやってみようね』『今日はこの宿題をやろうね』と声をかけながら見守ることが必須** です。こうした日々の積み重ねの中で、学習習慣は身に付いていきます。

学習習慣を身に付けるために利用する教材は市販のテキストでも公文式の教材でも、子どもに合っていれば何でもよいです。家庭によって子どもの学習のために捻出できる時間量は大きく異なると思います。平日が難しい場合は週末に寄り添うなど、可能な範囲でできることを工夫してください」

❷ 知識力

　「2つ目の『知識力』とは、算数でいうと、筆算を解く方法や九九、公式など。国語では学年相当の漢字や慣用句などの語彙力。理科は昆虫や植物、星座などの知識、社会は都道府県名などの地名ですね。でも先ほどお伝えした通り、算数の知識に関しては変に先取りして詰め込むことがリスクになることもあるので要注意です。**学校でいま学習している単元の知識がしっかり吸収できていればよい**と思います」

　一方、**算数以外の知識に関しては先取りも有効**で、国語の漢字や語彙はもちろん、昆虫の名前をたくさん知っている子や、都道府県の名前を知っている子はこうした知識が先々強みとなっていきます。

　「算数以外の科目の知識については、読書や親子の豊富な会話で語彙力をアップするのもいいですし、家族旅行で地方を巡って特産品を食べてみるといった実体験を積んでいくのもいいですね。日々の食材も、社会科の必須知識です。『今日のトマトはどこ産だろう？』と興味を持ってみるとよいでしょう。理

科に関しては、空を見上げて月や星を見たり、季節の植物について図鑑で調べたりするほか、理科実験教室などに通って、理科的な知識を実体験の中で積み上げていくというのもおすすめです」

❸ 地頭のよさ

「ここで言う3つ目の『地頭のよさ』とは、算数でいえば数の大きさの感覚や割合の感覚、さらに図形まわりの空間認識能力などです。国語では学年相当の語彙力と言葉の背景知識を身に付けていることです。**『語彙力・背景知識』というと一見知識と同じようですが、どちらかといえば雑学に近いニュアンス** です。

たとえば『SDGs』がテーマの説明文を読むときに、『SDGs』が何かを知っているかどうかで本文の理解度はかなり変わります。物語文でも、『めんこ』や『ベーゴマ』、『雪合戦』という言葉を知らないために本文の意味が分からないという子がいました。こうした昔の遊びは、現代の子どもにとってはもはや雑学です。

そして『雪合戦』という言葉を知っているだけでなく、寒い冬の日に雪が降っている状況や、雪の冷たさや柔らかさ、キュッと固めた雪合戦用の玉がぶつかって砕ける感覚など、あらゆる感覚を呼び起こせることが、知識のレベルを超えた地頭のよさだと感じています」

こうした **地頭は、集中して興味のあることに向き合うことで
伸びていきます。**

　「子どもは使った分だけ使った能力が身に付くといわれてい
ます。**人は好きで夢中になっているときほど脳を十分に使える
ので、好きなことに没頭させるのがよい** ですね」

　本好きな子は読書に没頭し、さまざまな雑学を身に付けてい
くことが、地頭、そして思考力そのものを育んでいきます。また、
本が好きでなければ、テレビでもマンガでも構いません。親子
で共通の話題について話したり、知らないことが出てきたとき
に好奇心を持って調べたりして、深掘りする習慣を作るとよい
でしょう。

　「算数でいうと、工作やブロック、平均台や木登りなどによっ
て、空間認識能力が身に付くといわれています。空間認識能

力が高い子は、図形問題へのひらめきやセンスが違います。

　受験勉強が始まると、『解き方』などのテクニックは塾でも教わりますが、**土台となるセンスの部分が育っている子と育っていない子ではその後の伸びがまったく異なってきます。** ぜひこうしたセンスを低学年のうちに磨いておくことをおすすめします。

　その他、巧緻運動とよばれ、指先を細かく使うピアノや絵画などの活動も脳を刺激するため、ひらめきや勘を鍛える土台づくりに役立ちます」

塾通いをする場合は、わが子に合った塾選びを

　これらの3つの力を伸ばすために、親はどのようなアクションをとることが有効になるのでしょうか。これに対し菊池さんは次のページのような **子どものタイプに合わせたアクションを提案** します。

　「『学習習慣・知識力・地頭のよさ』という3つの力のうちどれが1番大事というものではありません。わが子の状況と家庭の状況から判断し、3つのうちで **伸ばしやすいものから伸ばしていく** のがいいと思います」

　ただし、右の【タイプ1】の子で塾通いを希望する場合は、塾の選び方も大切になってくると菊池さん。

子どものタイプ別アクション

【タイプ1】

子どもの知的好奇心が強く、学校の授業のペースでは退屈そう。さらに家で親がしっかり学習のサポートができる

速いペースで勉強を進めるほうが勉強の楽しさを味わえるタイプなので、塾通いするのも可。さらに家庭のフォローもプラスして「学習習慣」を強化

【タイプ2】

マイペースで学校の勉強に取り組んでいる。親も週末なら学習をサポートできる

平日はゆっくり遊び、「知識力」や「地頭のよさ」を強化しつつ、週末に家で「学習習慣」を強化

【タイプ3】

今はまだ遊びに夢中。親も忙しくて子どもの学習に十分寄り添う時間がとれない

好きで取り組める遊びやスポーツ、読書などに集中する時間を大事にして「知識力」や「地頭のよさ」を育んでいく

「**好奇心が強く早く学習を進めたいという子の場合は、大手進学塾に通い、一定ペースの学びについていけるかどうかを見るのもアリでしょう**」

大手塾の3年生までのテキストの内容はどこもそれほど変わりません。塾によって異なるのは難易度よりも授業の進むスピードです。

「具体的には学校の授業が簡単すぎてつまらないという子の場合は、フォトン算数クラブやSAPIXなど、進みのペースが速い塾が向いています。一方で『学校の授業に少しだけ余裕がある』といった子であれば日能研や栄光ゼミナールがいいですね。このあたりの塾の授業のスピードは学校より少し速いくらいのペースなので、先に塾で勉強しておくことで、学校の勉強が楽になるといった予習効果も期待できます」

低学年の時期を、今後の学力が有利になるように過ごしたい──。そんな心境になる親は多くいます。

「**しかし、『心配だから、親の安心のためにとりあえず塾に通わせる』では意味がありません。** 新4年生までにどんな力を育みたいのか、そのために今のわが子の状況や家庭状況の中で何をしてあげられるのか、をしっかり考えた上で、家庭に合ったスタイルでできることをしてほしいと思います。

繰り返しになりますが、**後伸びするための下地が身に付いて**

いたら4年生以降は無理なく伸びていけるので、低学年の今の状況で焦る必要はありません。しっかりわが子を観察しながら低学年の今の時期に伸ばせる力を蓄えていってください」

低学年の進学塾通い　焦りはリスクに

Chapter **IV**

子どもの
心配事・問題行動
への処方箋

宿題しない、ダラダラする、自ら動かない、
友達とトラブルを起こしてしまう…。
子どもの心配事や
問題行動にどう向き合う？

15 ダラダラは責めずに「しくみ」で改善

臨床心理士／公認心理師・中島美鈴さん

認知行動療法を子育てに取り入れよう。帰宅後時間が
スムーズになる5つのポイント＆時間管理は10分刻みで

> しくみが育む自己管理能力

　「何度言っても自分から宿題をしないのは性格のせい?」「明日の用意も片付けも自分からきちんとできないのは、私の子育てが下手だからだろうか」…。こうして考えていくと、子育ての悩みはどこまでも深まっていってしまうもの。時に諭してみたり、叱ってみたりしても、ダラダラしている子どもにイライラ、うんざりしているという人もいるでしょう。

　「『もっとちゃんと』『もっときちんと』…といった精神論で子育てをすると、親も子もつらいですよね。**子育ては認知行動療法の考え方を生かしたしくみを取り入れることで、ずっと楽になりますよ**」と話すのは、臨床心理士・公認心理師の中島美鈴さんです。

　「認知行動療法とは、解決すべき問題があったときに、原因を人ではなく考え方や行動に求め、その考え方の幅を広げたり、行動のレパートリーを広げたり、精神論に頼らずに済むしくみを作ったりすることで解決していくという心理療法の1つです。

子育てでいえば、気になることを『子どもの性格のせい』『親である自分の育て方のせい』にしなくて済むのが最大の利点です」と中島さん。

就学すると子どもが毎日すべきことが格段に増えます。しかし、低学年の子どもがこうした状況を自分で整理し、すべきことをこなしていくことは、ハードルが高いものです。

「しくみを作ることで能力とタスクとのギャップを埋めていくことができますし、こうしたしくみを親子で一緒につくっていくことは、子どもの自己管理能力を育てることにもつながっていきます」と中島さんは語ります。

「小学生ならできる」は認知のゆがみ

「認知行動療法は、米国のアーロン・ベックという精神科医が、うつ病治療のために開発した心理療法の1つです。当時は『うつ病患者が悲観的な考え方をするのはうつ病のせい』とされていたのですが、アーロン・ベックは『悲観的な考え方をしているからうつ病になる』と逆の考えに立ち、考え方や行動から変えていく認知行動療法を編み出しました」

こうした構図はそのまま子育てに応用できると中島さん。

「『小学生だからこのくらいできるべきだ』『宿題の前にテレビをつけるなんてだらしない』といった考え方は認知（考え方）

のゆがみです。

『ダメだ』『だらしがない』と考えると、多くの親は子どもの不適切な行動を減らすために『ダラダラしてはダメ』『テレビはダメ』などと叱りますよね。ただし、いくらダメだと伝えたところで、ダラダラやテレビの代わりに何をすべきかを伝えていないために、効果的ではありません。さらに叱られてばかりいることで、子どもは『どうせ叱られるから』と自発的な行動が減り、自尊心も下がります。時に親に失敗を隠すようになったりもします。

必要なのは**『できていない』『宿題とテレビの順番が違う』という事実のみに目を向けて、適切なしくみを考え『すべきこと』を伝えていくこと**です」

> ## 親子でチームになって作戦会議を

しくみづくりの前提は「子どもと一緒に考えること」だと中島さん。

「認知行動療法のポイントは、①臨床心理士や患者がチームとして同じ立ち位置で、②現状に対し原因となるものを『外在化』して客観的に捉えながら、対処法を考えていくことです」

臨床心理士と患者がチームで同じ場に立つことで、「臨床心理士が患者に指示する・やらせる」という構図を防ぎ、さらに原因を「外在化」。患者自身の能力やパーソナリティーから切り離

すことで、「患者がダメだからこうなってしまう」という発想を防ぐことにつながります。

「親子の場合も同じで、親が『このしくみでやりなさい』と言うと、子どもは指示されたと感じて嫌になってしまいますし、**失敗の原因を子どもの内部に求めると『ダメな子』となってしまい、親子共に苦しくなってしまいます。**

小学生は親のサポートが必要な時期なので、子どもができるようになるためのサポートをするのがしくみをつくる大きな目的です。ただし、いつまでも親がしくみをつくり続けてあげることはできませんよね。中学生になったら自分でしくみをつくり自己管理できるよう、**しくみのつくり方や考え方を伝えていくことも大事な目的**です。

子どもが失敗をしたときは、『このしくみはいまいちだったね、どうすればいいか一緒に考えよう』などと、しくみに原因を求めながら、一緒に作戦を練っていく姿勢が大事です」

お悩み解決の5つのポイント

では、例えば子どもが帰宅してからの数時間をスムーズに過ごすためには、どんなしくみをつくればよいのでしょう?

子どもの「手を洗わない」「プリントを出さない」「宿題をしない」「ランドセルを片付けない」といった悩みはどのようなしくみ

で解決できるのか、5つのポイントで教えてもらいます。

ポイント❶ 子どもの行動を確認し問題点を把握

「子どもと帰宅後の動線を一緒に歩き、行動を確認してみてください。子どもの目線で歩いてみると『手を洗うためだけに洗面所へ入るのは面倒だな』『ランドセルが片付かないのは、子ども部屋に置いてからリビングに入る動線が面倒だからだな』『リビングで宿題をするために、また子ども部屋にランドセルを取りに行くとなるとハードルが高いな』など、**困り事の裏には原因があることに気づくはずです**」

　行動をスムーズにするには、一筆書きですむような動線が必要だと中島さん。そのためにも、見つけた問題点を解決するしくみをつくればよいのです。

ポイント❷ 動作とそれに必要なモノをくっつける

「**動作とそれに必要なモノをくっつけると動線がよくなります。**例えばランドセル置き場をリビングにつくる。ダイニングテーブルで宿題をするのであれば、リビングに鉛筆削りや普段使う教科書置き場などもつくるといいですね」

ポイント❸ ごほうびを活用する

　しくみをつくる際は「ごほうび」をうまく活用しましょう。

一筆書き動線の例

手を洗う

↓

リビングに入る

↓

リビングのランドセル置き場に
ランドセルを置く

↓

プリントをキッチンカウンターに出す

↓

ダイニングテーブルで宿題をする

「『洗面所に行くのを面倒がって、手を洗わない』ということであれば、おやつを洗面所に置き、手を洗ったらそこでおやつを取ってリビングに入る、というようなしくみにしてしまうのも1つです。

『ごほうびがないとできない子になるのでは？』という不安を感じる人もいますが『習慣づけができるようになるまでの補助輪』としてやる気を出させるために使う分には問題ありません。

本来、大人なら、手を洗ってすっきりした感覚そのものや清潔さへの安心感などがごほうびになっているのですが、子どもにはそのあたりがピンとこないわけです。ごほうびは、手洗いを経験させるためのきっかけに過ぎません。続けるうちに、『ああ、なんか手がきれいだと気持ちいいな』と、手を洗う行為そのものがごほうびに変わって、習慣づいてきます。

子どもには『自分でできるようになるためのしくみづくりだよ。練習期間はごほうびをあげるけど、うまくいくと思ったら自分で続けようね』と**最初からしくみの目的やごほうびが習慣づけのための道具だということも伝えます。**1週間も続けると習慣化され、ごほうびがなくても動けるようになります」

ポイント❹ 作戦会議は親子一緒に

「子どもと一緒に作戦を練っていく際には、『ここはお菓子作戦にする？　それともタイマーかけて時間競争にする？』『ご

ほうびのお菓子は宿題の前・後どっちにする?』『ランドセル置き場はどこがいいかな?』などと細かいことも相談します。

　相談するときは、**選択肢は親が出しても決定は子どもに任せます。** いくつかの選択肢を目の前におき、イメージした上で決定し体験するという経験を重ねることは、近い将来自分でしくみをつくり自己決定・自己管理するためにも必要なことです」

ポイント **5** すべきことを分解する

　ごほうびがあってもどうしてもやる気が出ない場合は、**宿題などのすべきことを「分解」し、スモールステップで具体的な「行動」に落とし込み、具体的に「指示」をすることがコツ** となります。

　「『宿題をしなさい』というのも具体的な指示ですが、それだとまだまだハードルが高いですよね。宿題をするという行為を分解すると、①机に向かう、②ノートを開く、③1問目を解くとなります。『まずは机に向かおうね』など、スモールステップで指示を出すと取り組むための心理的ハードルが下がるので、『これくらいならできそう』と思えるようになります。

　心理学的にも、**人が物事に取り組む際は、最初の一歩が最もエネルギーが必要だと分かっています。**『一歩踏み出すとやる気が続くよ』と声をかけながら、時に最初の一歩を踏み出せるよう『キャラクターの鉛筆や、学校には持って行けないロケット鉛筆などで宿題をする』『パパの机でやってみる』などといっ

子どもへの指示出しの
スモールステップ例

✕ 「宿題をしなさい」

◯ 「まずは机に座ってみよう」
↓
「ノートを開こう」
↓
「1問解いてみよう」

✕ 「明日の用意をしなさい」

◯ 「明日何の授業があるか教えて」
↓
「ランドセルの中身をいったん取り出して、空にしてみよう」
↓
「まずはやった宿題を入れよう」

た提案をするのもよいでしょう」

> 放課後時間は永遠にあると思っている

　親が解決したいイライラのもう1つのポイントが、子どもがダラダラしていることです。

「18時に学童から帰宅した子が夜21時に寝る場合、家での時間は3時間しかありません。やるべきことはたくさんあるので、親はどんどんやらせていきたいですよね。それなのに子どもがのんびりダラダラしているのは、なぜでしょう。その理由は低学年の子は時間の概念が正確でなく、永遠に時間があるように感じているからです。こうした時間の感覚も、しくみで身に付けることができます」

低学年はまだ概念を理解するなどの抽象的な思考ができない時期だと言われています。

「 **低学年の子どもが見渡せるのは10分先くらいまで。** 放課後時間の3時間を10分ずつのブロックに分解し、10分ごとに何をするかを組み立てるとよいでしょう。 **おすすめはタイマーの活用です。**

帰宅後をどのように過ごすか、子どもと一緒に考えてみてください。帰ってきたらまず10分休憩、次の10分でプリントを出して、明日の用意をする。次の10分で音読の宿題。終わったらお風呂に入る…。流れを決めたら、タイマーをセットします」

工夫が必要なのが食事時間の扱いです。ここでもタイマーをうまく活用することでスムーズに食事が進みやすくなります。

「食事時間が40分だとすると『ここから40分食事です』と言っても、子どもにとっては時間の幅が大きすぎ、途中で何を

する時間か忘れてくつろいでしまいます。食事時間中も10分ごとにタイマーを設定しておくのがいいでしょう。

　1週間も続けると10分で自分はどのくらいのことができるのかという感覚が身に付き、タイマーなしでも動けるようになります。 忙しい朝時間にもおすすめです」

　中島さんは時間をセットすると「今から10分で休憩をします」などと音声で伝えてくれるタイマーアプリの活用も提案。親がいちいち指示をする必要はなく、アプリから「未来日記」のような感じで指示が出るので、子どもも遊び感覚で楽しんで取り組むことができます。

　「繰り返しになりますが、**大事なことは親子でチームとして一緒に作戦を立てることと、決定は子どもに委ねること** です。例えばごほうびをゲーム時間とした場合、『先にゲームをしてから宿題をする』と子どもが決めたとします。親は『それでは失敗するな』と分かったとしても、口を出さず子どもに失敗を経験させてください。そして『うまくいかなかったね。じゃあ、しくみをどう変えればいいかな？』と次の作戦会議をしましょう。

　どんな失敗も悪いのは『しくみ』。そう考えると気持ちも軽くなり、親子でいつも前向きにステップアップしていくことができますよ」

16 自ら動かない 原因は親のアプローチ

教育デザインラボ代表理事・石田勝紀さん

子が動かない声かけはアプローチミス。親子間に存在するギャップを知り、子の自発的な行動を促す4つのヒントを紹介

> 子の「返事しない」「動かない」は論点が違う

「片付けなさい」「宿題やったの?」「ピアノの練習は?」…。何度子どもに声をかけても動こうとしないどころか、返事もしないということはないでしょうか。「小学校低学年で親の声かけを無視するのは、少し早いのではないか?」「今からこんな調子では思春期を迎えたときにどうなってしまうのだろう?」と考えると、親としては不安になってしまいます。

けれども、**「子どもたちが親のこうした声かけに返事をしないのは普通のこと」**だと、教育デザインラボ代表理事の石田勝紀さんは言います。

「子どもとしては気乗りしないことを何度も言われて、返事をするのもおっくうになっているという状態です。もちろん、子どものこうした状態に親がイライラするのも分かります。

でも、一度冷静に整理してほしいのですが、そもそもの問題

は、『親がやらせたいことを子どもがしないこと』のはずです。なのに、いつの間にか『子どもが返事をしないこと』『言った通りに動かないこと』に問題がすり替わって、それに対してイライラしてしまっていますよね。本来、**『子どもが動かない』ということは、声かけで子どもを動かそうとする、親のアプローチが間違っている** ということ。ですからそのアプローチを変えていく必要があるのです」

このように論点がズレたままイライラや悩みを膨らませてしまっている親は少なくないと石田さん。子どもが動かないばかりでなく、イライラしながら声かけを続けることで、親子関係にネガティブな影響を与えてしまう恐れもあります。

さらに石田さんは、自分から動ける子になるためには、**親子の間にあるギャップを理解した上で、その子に合った具体策を考えて試していく必要がある** と言います。

> ## イライラ育児は思春期の親子関係に影響

「いくら言っても子どもが返事をしない、動かないというのは親にとってストレスですよね。でも、親が繰り返して言えば言うほど、子どもは親の声かけをうっとうしく感じますし、そうなれば親もますますイライラするという悪循環に陥ってしまいます」

こうした状況が続くと、親は子どもの欠点や短所ばかりに目がいきがちになります。

　「人は気持ちが満たされていると、周囲の良い点が目に付き、優しく振る舞える一方で、満たされていないと、周囲の欠点ばかりが見えるものです。イライラしていたら当然子どもの欠点ばかりが目に付くはずです。その結果待っているのは、**子どもの欠点を指摘し、修正し続ける、苦しい子育て** です。

　こうして育った子どもは、思春期になって反抗することを覚えると、親の指摘に対し言葉で反抗するように。**低学年期に子どもの欠点を指摘し続けることは、思春期の親子関係に影響**してしまう可能性があります」。では、親は子どもに対しどのようにアプローチをすればよいのでしょうか。

> ## 子にとって親は「同僚ポジション」

　「子が自分から動けるようになるには、**まず、親子の間にある2つの大きなギャップの存在を親が理解してほしい**」と石田さん。その上で、いくつかのアプローチを試していくのがよいと言います。

親子間のギャップ① 親子関係の捉え方の違い
↓
命令形の指示はNG

　「親は子どもに『勉強しなさい』『片付けなさい』と命令形で指示をしますね。背景にあるのは、子どもを『目下の存在』と捉える意識です。一方、他の大人に対しては敬語を使う子も、

親に対してはタメ口のはずです。日常生活の中では親のことを
『目上の存在』だと思っていないということです。**子どもにとっ
て親は横並びの関係、いうなれば『同僚』ポジションの存在**
なのです。

　大人だって職場でただの同僚から『あれやれ』『これやれ』
と命令されたら、面倒な人だと思ってうんざりするか、無視する
のではないでしょうか。子どもの中でもそれと同じことが起こっ
ているのです」

　こうしたギャップがある以上、**もっとも避けるべきが「子ども
に命令する」アプローチ**です。「ドキッとした人が少なくない
かもしれませんが、命令以外のアプローチ法は子どもの数だけ
あるはずです。逆にすべての子に効く万能なアプローチ法とい
うものはありません。いろいろなアプローチを工夫して、子ど
もの反応を見るというのが、正攻法かつ子育ての醍醐味です。
ここでもいくつか例を紹介していきましょう」

命令形にならない2つのアプローチ

子の行動を促す具体案【1】
すでに習慣になっていることに、
してほしいことをくっつける

　「 すでに習慣になっていることに、新たにやってほしいこと

をくっつけ、**習慣化していくことで、いちいち言わなくてもよい仕組みをつくる** 方法です。例えば、食後の歯磨きが習慣になっているならば、『歯を磨いたら明日の準備をしようね』と明日の用意を歯磨きにくっつける。

同様に『帰宅後に手を洗ったらプリント類を出そうね』などと流れをつくっていきます。すでにできていることに何をくっつけるかは、**親が子どもに提案しますが、そのときにも命令形の指示にならないよう気を付けましょう**」

子の行動を促す具体案【2】
やり方を教える時期と捉える

「親は同僚ポジションだとは言いましたが、相手は子どもなので、知らないことは教えなくてはなりません。特に『子どもが片付けない』と悩む親は多いですが、低学年の子どもは片付けができない子がほとんどです。

すべてを子どもにやらせようとするのではなく『**今はまだ暮らし方を教える時期**』と考え、**親がある程度やってしまっても問題ありません。** 気持ちよい環境で生活をしていれば、いずれ片付いていることの気持ちよさが理解できるようになるでしょう。

こう考えると、親も『**やらせる**』ではなく『**教える**』になるので、**命令口調にはならないはずですし、少し気楽になります** よね。『 こっちに置いといてね〜 』という軽い言葉かけをし、子どもが動かなければ親がやってしまうくらいでOKです」

先のことが見えるようになるのはずっと先

 **親子間の
ギャップ
❷**

日常生活の中で持っている情報量の違い
↓
見える化する

親子の間にあるもう1つの大きなギャップは情報量の差 です。

「 もう遅い時間なのにまだ宿題やってないなんて、明日困るだろう」などと親が先を読んで不安になる傍らで、目の前のことしか見えていない子どもたちは平然としている。 この状況はまさに情報量の差によるものです。

石田さんによると、**先のことが見えるようになるのは、女子で小5、男子だと中2くらいから。** では、それまでの間はどのように、子どもに先々のことを伝えていけばいいのでしょう?

子の行動を促す具体案【3】
すべきことを見える化する

「親子の状況を例えるなら、子どもが太平洋のど真ん中に小舟で浮かんでいて、その後ろからクルーザーに乗った親が地図を見ながら、メガホンで叫んでいるというイメージです。それならば、親が持つ地図を子どもに見せてあげればよいのです。

具体的には**毎日すべきことをノートやメモ帳に書き出し、終わったら消していくという方法**です。すべきことを書き出すことで、子どもはその日にやるべきことが分かるので、いちいち親から言われなくても動けるようになるはずです」

子の行動を促す具体案【4】
楽しんで続けられるように工夫する

「タスクを書き出して消していくだけでは面白くないので、続きません。**工夫が必要なのは、続けたくなる仕掛け**です。例えば、『1タスクできたら1ポイント』と設定し、毎月1ポイント1円で集計してお小遣いにしたり『ママ（パパ）pay』などとして、『50ポイントで〇分ゲーム時間に使える』などとしたりするのもよいでしょう。

タスクのリストアップは子どもと相談しながら進め、子どもにとってハードルの高いことは特別に3ポイントつけたり、1週間で全部できたらボーナスポイントをあげたりするなど、工夫のし

Chapter

IV

心配事・問題行動

自ら動かない　原因は親のアプローチ

どころは満載です。

　ただし、『〇ポイントになったら欲しがっていたおもちゃを買ってあげよう』などと物と交換するのは避けましょう。欲しかった物を手にしてしまうと、子どもはそこで目的を達成してしまい、次の努力に結びつかなくなるからです」

　これが3週間続けばある程度は習慣化できる はずです。

親は聞き役に徹し、評価をしない

　子どもの自発的な行動を促すためのアプローチ法をいくつか紹介してもらいましたが、いろいろなアプローチ法を試していく上で、**親には子どもを観察する姿勢を心がけてほしい** とも、石田さんは語ります。

　「繰り返しになりますが、アプローチ法は子どもの数だけあるので、**親がわが子に合った方法をいろいろと試していくこと** になります。そのためには、子どもがどういうときにやる気になるかを冷静に見守り、『観察』する姿勢が必要です。ですが、多くの親がハマってしまうミスが、『監視』をしてしまうことです。**監視をすると『〇〇すべき』という枠からはみ出た『欠点』ばかりが目に付いてしまい、子どもの内面はいつまでたっても見えてきません**」

　さらにもう1つ必要なのが親子の信頼関係です。

「親子の信頼関係の有無によって、アプローチの効き方は変わってきます。信頼関係を築くためには、親子でたくさん会話をしてください。コミュニケーション量が多ければそれに比例して信頼関係は強くなります。話題は、親がつい『上から目線』を醸し出してしまう勉強や生活についてではなく、学校で流行っている遊びや、学童のおやつの中身といった、子どもが主役になれる雑談がよいでしょう」

　ポイントは **子どもにたくさん話をさせ、親は聞き役に徹すること。**

　「話をさせる目的は子どもに自分を解放させることです。人は会話によって自己を解放させてくれた人に信頼感を持ちます。

　一方、親は話を聞く際に、**子どもの話をリピートしたり、『それはうれしかったね』などと気持ちをフィードバックしてあげたりするとよい** でしょう。これは、コーチングなどでも使う技法で、相手に『もっと話を聞いてもらいたい』と思わせる効果があります。逆に『その友達とは少し距離を置いたほうがいいね』などと子どもの話の中身を評価することは避けましょう。

　子どもをよく観察し、信頼関係を築きながら、いろいろなアプローチ法を試してみてください。『これだ！』という、ピッタリくる方法が見つかったときに、子育ての醍醐味を味わうことができるはずです」

17 友達トラブル 親ができるサポート術

埼玉学園大学大学院教授・藤枝静暁さん

まずは子どもが自分で自分の気持ちに向き合えるようにサポートをする

低学年の友達トラブルの原因は意外とシンプル

　子どもから「今日、学校でちょっと嫌なことがあってね」と打ち明け話をされるとドキッとしませんか? いつもは元気なのに、何だか様子が違って暗い雰囲気だったり、おとなしかったり。そんなときには、「何か友達関係でトラブルがあったのではないか」と、気になってしまう人も多いでしょう。

　「『友達とトラブルになった』といっても、子どもの年齢や成熟度合いによって、その内容は大きく変わってきます。**低学年の場合、友達関係のトラブルは、単純で理由が分かりやすく、解決しやすい場合が多い** です」と埼玉学園大学大学院教授の藤枝静暁さんは言います。

　「低学年の子どもの多くは、主体的に友達を選ぶ段階に、まだ至っていません。仲の良い友達といっても、たまたま家が近く帰り道が同じだったり、親や上のきょうだい同士のつながりがあったりと、外部的な共通項が背景にあることが多いのです。高学年になるにつれて『気が合うから』『価値観が似ているか

ら』など、より主観的な理由で友達になっていきます」

「低学年は友達になるプロセスもシンプルなら、友達との間
で起きるトラブルもシンプル」と、藤枝さんは続けます。

「子どもが『友達とけんかした』と言っても、よく話を聞いて
みると、『自分はこれで遊びたかったのに、Aちゃんが一緒に
遊んでくれなかった』『先に自分と一緒に遊ぶ約束をしていた
のに、Aちゃんは別の友達に誘われて、あっさりそっちに行って
しまった』といった単純なものが多いです。

**そうなってしまう原因は、低学年の子どもが自分の興味に対
して正直に行動することにあります**」

では、低学年の子ども同士のトラブルが起きたとき、親はど
う対処すればよいのでしょうか。

「友達が遊んでくれない」は仲間外れではない

低学年の子どもたちの間で起こりやすいトラブルの原因につ
いて、藤枝さんは「心の理論」という言葉を使って説明します。
**「心の理論」とは、他者の心を類推し、理解する能力について
発達心理学で使われる理論** です。

「心の理論を習得すれば、他者が心（感情）を持つ存在であ
ることを認識し、他者の立場に立って気持ちを理解できるよう

になります。**心の理論は5〜8歳に習得するケースが多い**と言われますが、発達のスピードには個人差があり、低学年になってもまだ習得していない子どもも少なくありません」

　具体的に、低学年の友達トラブルの事例を見ていきましょう。

　　Aちゃんがお店屋さんごっこを始めたとします。周りの友達はそれぞれの遊びに夢中でAちゃんのお店に買い物をしに来てくれません。Aちゃんはとうとう、「みんなとお店屋さんごっこで遊びたいのに、なんで誰も一緒に遊んでくれないの！」と怒って泣きだしました。

　この場合、お店屋さんごっこに参加しない子どもたちにはもちろん悪気はありません。

　周りの子どもたちも、Aちゃんの様子を見ればAちゃんがお店屋さんごっこをしようとしていることが分かります。しかし、Aちゃんが「みんなが一緒にお店屋さんごっこに参加してくれるだろうと思って、わくわくしながらお客さんを待っている」ことまで想像することはできません。

　「この年代の子どもたちは、自分の目に付いた面白いものに引

かれて、それぞれの視点で自分の世界に夢中になって遊びます。ですから、**ほかの友達を仲間外れにしているというわけではなく、自分がしたい遊びを優先的に選んでいるだけ** なのです」

『心の理論』が発達していないが故に、他の子どもの気持ちを推察できず、相手の気持ちをあっさりスルーしてしまっているということ。Aちゃんは、これを『仲間外れ』されていると感じてしまったのです。

「このとき大事なのは、友達が一緒に遊んでくれなかったときの『悲しい』『つまらない』という気持ちを本人が理解し、それに向き合えるかどうかです」と藤枝さんは言います。

「物事が思い通りに進まないと、大人の私たちでもがっかりしたり、腹を立てたりします。この『自分が今どういう気持ちなのか』『何に対して嫌だと思ったのか』『相手にどうしてほしかったのか』を親子で一緒に、子どもの気持ちを聞き取りながら理解することが大事です。

親はこうした場面で、心配になると思いますが、親自身がやるべきことは『どうしたの?』『大丈夫?』と声をかけて、**まずは子どもが自分で自分の気持ちに向き合えるようにサポートする** こと。子どもが自分で考えた後、親に何か話したそうにしたら、それまで別のことをやっていたとしても、手を止めて話を聞いて一緒に考えるというステップを踏むのがおすすめです」

親のコーチングで感情知能を育む

自分の感情を知ったり、コントロールしたり、他人の感情を理解したりするという能力は、感情知能（Emotional Intelligence）といい、近年注目されている「非認知能力」の中の1つです。

この非認知能力は、細かくは **①自己感情理解（自分の感情を理解する）、②他者感情理解（他者の感情を理解する）、③感情の調整（必要に応じて、感情を調整する）、④感情の利用（例えば、悔しいという思いを、次回の頑張りに利用するなど）** の4つの能力に分けられ、教育を通してそれらすべてを育むことができます。

低学年の友達とのトラブルを防ぐには、①と②の習得が特に必要となります。③と④は良い人間関係を育むために重要なスキルですが、自分の中で同時に湧き上がったいくつかの複雑な気持ちを理解し、調整し、そして前に進むために利用するという行為は、低学年の子どもには難しいといえるでしょう。低学年のうちは「悲しかった」など、まずは1つの感情を理解することが大事です。

残念ながら、日本の小学校の教育では、日常生活での「自己感情理解」や「他者感情理解」を促すための取り組みは未だ普及していません。

「例えば、国語の授業では、物語に出てくる人物の気持ちを

読み取ることや、自分がどう感じたかを表現することには焦点が当てられます。しかし、日常生活の中で自己や他者の感情を理解したり、表現したりすることには、あまり目が向けられていません」

しかし、**親が工夫すれば、子どもの「自己感情理解」を養うことができます。** その際にぜひ取り入れたいのは「コーチング」の手法です。

そこで、具体的に友達とのトラブルの解消を促す4つの方法をご紹介します。

親が質問することで感情を言語化

友達とのトラブルの解消を促す方法 ❶
子どもが自分自身の感情を整理し、
理解するのを手伝う

「**自己感情理解を促すコーチングとしては、親が子どもの感情を整理し、理解するのを手伝ってあげる**ことが有効です。例えば、子どもが感じているのが『悔しい気持ち』なのか、あるいは『羨ましい気持ち』なのか…。似たような感情でも、親が厳密に言葉を選んで質問して導いてあげることによって、子どもははっきりと区別して認識できるようになります。

自分の感情を丁寧に感じ取り、最適な言葉で表現すること

を学ばずにいると、『嫌だった』『むかついた』という、単純な言葉で表現するだけで終わってしまいます。これではいつまでたっても自分の気持ちを正しく理解し、コントロールする力が身に付けられません。

感情を表す語彙はたくさんありますから、自己感情理解のスキルを発達させるためには、**親などの大人が、子どもに、感情を表現する言葉のレパートリーを示し、語彙力を育てる必要があるのです**」

親は辛抱強く子どもの話を聞く

友達とのトラブルの解消を促す方法 ❷
子どものありのままの思いや気持ちを聞いて、受け止める

コーチングをする際には、親が「今から話を聞く」と自分に言い聞かせてから、子どもの話に耳を傾けることが大切です。

「親はつい、自分が子どもだったときの記憶や、メディアでの報道など外部情報を頼りに、推測を交えながら誘導質問をしてしまうなど話の主導権を握ろうとしてしまいがちです。でも、**大切なのは、子どものありのままの思いや気持ちを子どもの口から聞くこと** です。こうして親に等身大の自分を常に受け止めてもらってきた子どもは、精神面が安定していきます」

とはいいつつも、実際に、低学年の子どもが話している内容を逐一理解することは難しい場合も多くあります。そんなときに親がつい面倒になって「分かった、分かった」「後で聞くね」などと切り上げてしまうと、子どもの自己感情理解は進みません。親が受け止めるということは、**子どもの話の内容がどれだけ分かりづらくとも、途中で遮らずに最後まで聞いてあげる**ということです。

子どもの話が分かりにくいときには、整理して話せるような声かけをするなどサポートをするようにします。「今の話しは〇〇ちゃんのこと?」「今話してくれたことを順番にもう一度言ってみようか」など、**主語を明確にしたり、時系列に並べ替えたりしてあげましょう。**

読み聞かせで知る、他人との感情の違い

友達とのトラブルの解消を促す方法 ❸
**本の読み聞かせを通して、
自分と他人の視点の違いを学ばせる**

さらに有効なのは、本の読み聞かせです。

「本を読むと、登場人物の気持ちが自分と同じであるときもあれば、違うときもあります。読み聞かせをきっかけに『この子はこうされてびっくりしたんだね。私/僕だったら怒っちゃうな』などと、自分と相手の気持ちを比較することができます。こ

うした体験を繰り返す中で、**子どもは自分と他人の視点や感情が同じときと違うときがあることに気づいていきます。**

　つまり、本を通して、子どもは心の理論を身に付けることができるのです。こういった経験の積み重ねで、例えば先のお店屋さんごっこのようなシーンでは『友達が一緒に遊んでくれなかったのは、別の遊びをしたかっただけだったんだな』というように友達の気持ちを理解することにつながっていきます」

　親が無理のない範囲で、**毎日子どもが寝る前に5〜10分でも読み聞かせをすることで、心の理論のスキルを習得する** ことができるようになります。

仲間に入るときにはタイミングが大事

友達とのトラブルの解消を促す方法 ❹
友達の遊びの輪に入っていくタイミングを教えてあげる

友達関係の悩みの1つに、わが子が友達の輪に入っていけない…というものがあります。

友達が集まって一緒に遊んでいるところに入るのが得意な子と不得意な子には、顕著な違いがあります。それは、**適切なタイミングで「（仲間に）入れて！」と声かけができるかどうか** です。

「例えば、何人かの子どもたちが鬼ごっこをしているとします。今まさに鬼も逃げる側も全力で走っている瞬間に『入れて！』と言っても、遊びには入れてもらえません。遊びの輪に入るときは、『今なら入れてもらえそう』というタイミングを見極めることが重要です」

しかし、自分の視点中心で考える傾向にある低学年の子どもに、「自分でタイミングを見計らって遊びの輪に入りなさい」といくら言っても伝わりません。なぜなら、全体の状況を俯瞰することがまだ難しい年齢だからです。そこで **子どもが自分でなかなか遊びの輪に入れずにいる場合は、具体的にアドバイスをしてあげるのも手です。**

「親は、子どもと一緒に公園で他の友達が遊んでいる様子を見て、切りがいいときに『今が、入れて！と言うチャンスだね！』とアドバイスし、その子の手をつないで一緒に輪の中に入ってあげましょう」

　そうした経験を経て、子どもは自分で遊びの中に入るタイミングがつかめるようになっていきます。

18 過度ないたずら 背景に親子の距離感

臨床心理士・日高みちえさん

ピンポンダッシュ、落書き…親は子どもの行為に責任を持つとともに、子どもの気持ちも大切に。無理やり謝らせてはいけない理由とは

用事がないのに呼び鈴を押して逃げるピンポンダッシュ。車に付いた砂ぼこりへの落書き…。子どもはなぜ人に迷惑を掛けるいたずらをするのでしょうか。

臨床心理士の日高みちえさんは、「それには **2つの動機** が考えられる」と話します。**1つ目は刺激を求めて。もう1つは親の関心を求めて** です。

どちらにしても、いたずらが判明したら親はすぐに謝りに行き、損害があれば責任を負わなければいけません。ただ、子どもが謝りたくないという場合は、無理に連れて行かないほうがよいと言います。それはなぜなのでしょうか。

興奮を求めていたずらを繰り返す

ピンポンダッシュや落書き。子どもは見つかったり、捕まったりしそうになるとサッと逃げます。「コラッ！」と叱られても繰り返します。**「捕まるかもしれないというスリルが快刺激とな**

Chapter

IV

心配事・問題行動

過度ないたずら　背景に親子の距離感

り、その快刺激を求めて何度もやるのです」。子どもがいたず
らを繰り返す理由を日高さんはこう説明します。

　このとき、**子どもに罪の意識があるかないかは、育ってきた
環境や親のしつけなどによって左右されます。**悪いことだと
分かっていても、友達と一緒にいると調子に乗ってやってしま
うことがほとんどです。「さっきはうまくいったから、次はお前
行って来いよ」というふうに、仲間意識の中でいきすぎたいた
ずらをしてしまうのです。

背景には親子関係の希薄さや夫婦問題が？

　悪いことと分かっていてする場合、親の関心を求めているこ
とも考えられます。

　「例えば、いい子にしているときは親に褒めてもらえないの
に、何かあったときだけ注意される子は、**怒られているときし
か親に見てもらえないと思っています。**すると、わざと怒られる
ようなことをします。見つかって怒られたとしても、大人の誰か
が自分に視線を向けてくれるからです。

　夫婦間の問題がある場合も、子どもは自分を見てほしいとい
う気持ちからいたずらをすることがあります。このような背景
がある場合は、友達と一緒にではなく、1人でいたずらを繰り返
すことが多いです」

子どもがいたずらをしたら、親はどういう対応を？

　子どもがいたずらをしたことが分かったら、親はどのような対処をすればよいのでしょうか。

迷惑をかけた相手には、とにかくすぐに謝りに行きます。

　「相手の連絡先が分かる場合は、まず電話などでおわびに行きたいことを伝えましょう。基本は親子一緒に行きます。しかし子どもは連れてこないでほしいという場合もあるので、事前に確認をするようにしましょう。

　連絡先が分からない場合は、先に親が直接謝りに行き、『子どもに謝らせたいのですが』と意向を聞きます。謝るときは相手に対して誠意を示し、車にキズを付けてしまった場合などはきちんと弁償します」

　親は子どもの行為に責任を持つとともに、子どもの気持ちも大切にすることが大切です。

　「子どもが『謝りに行きたくない』という場合、無理強いするのはよくありません。 小学生になると子どもなりのプライドがあるからです。謝りに行きたくないのには、理由があります。そこで無理やり連れて行くと、『納得していないのに謝らされた』と親子関係が崩れるかもしれません。『行きたくない』というときは、『じゃあ、ママ／パパが謝ってくるよ』と、親だけ

で先に謝りに行きましょう。

　帰ってきたら『相手の人はこういうふうに言っていたよ』と子どもに状況を伝えます。それから、改めて謝りに行かなかった理由を聞きます。同時に**どうしてそういうことをしたのか、対話で引き出すことが大事**です。すぐに言葉にできないときもあるので、時間をかけて親が言葉を補足したり、ヒントを与えたりするとよいでしょう」

　「友達がやっていたから」と言い訳をするときはどう返したらよいのでしょうか。日高さんは「『○○ちゃんがマラソンで世界一周すると言ったらあなたもするの?』と聞いてみましょう」と提案します。

　「そうすると、子どもは黙ってしまうはずです。そこで『他に理由があるでしょう』と視点を変えていきます。すると『ドキドキして面白かったから』『スカッとするから』などと本音が出てきやすくなります」

　子どもに悪いことだという意識がなく面白半分だったときは、どうして悪いことなのか説明をしましょう。一方、**親子関係や夫婦関係の問題が背景にあると分かったら、その状況に親がしっかりと向き合い、対処していく**ことが大切です。

　「対話を経て子どもが謝りたいという気持ちになったら、改めて親子で謝りに行けばよいでしょう。**親は焦って早く落ち着**

かせたいかもしれませんが、**何でも一度に済ませようと思わないほうがよい**ですね」

「謝りたくない」と子どもが言ったときの対応

● まず、親だけで謝りに行き誠意を伝え、
　必要があれば弁償する

● 相手の反応を子どもに伝える

● 子どもと対話をして、いたずらをした理由を
　子どもに聞く

● 言葉にできないときは、ヒントを与えて
　引き出す

● 友達のせいにするときは別の視点で
　考えさせる

● 謝ろうという気持ちになったら、
　親子で謝りに行く

● いたずらの背景にある問題に対処する

適度な距離感で、子どもに関心を示す

　謝罪をしたり、背景にある事情に対処したりすれば、子どもはもういたずらをしなくなるのかというと、残念ながらそうとは限らないようです。

　「子どもが『お母さんに謝らせて悪かったな、もうやめておこう』と思えばよいですが、もうやらないという保証はありません。**『二度あることは三度ある』くらいの覚悟をして、その度に謝りに行こうと思っておくほうがよい**でしょう」

　いたずらを繰り返す際に、**親の対処としてNGなのは子どもを放っておくこと**です。親の関心を得ようとしてエスカレートする恐れがあります。

　「大切なのは親が子どもを思っていることを態度で示すことです。もちろん悪いことは悪いと繰り返し言わなければいけません。子どもをよく見て、背景にある問題に対して改善や働きかけをしていくことで、いたずらが減る可能性はあります」

　法務省矯正局職員として少年鑑別所で働いてきた日高さんは、非行少年の家庭環境について次のように話します。

　「悪いことをしようとするとき、親の顔が思い浮かんで思いとどまるということがよく言われます。しかし非行少年たちは、『親の顔が浮かばなかった』と言うのです。そのくらい親子関

係が希薄だったのでしょう。あるいは濃厚すぎて思い出したく
もないという関係だったのかもしれません。**親子が適度な距離
感でいることはとても大切**です」

　日高さんは**親子の距離の取り方について「イメージとしては、
子どもの全身がちょうど見えるくらいを目安にしたい」**と話し
ます。

　「近すぎて子どもに圧がかかっているなと思ったら少し離れ
る。離れすぎて寂しそうに見えたら少し近づく。この繰り返し
で、適度な距離感が分かってくるのではないでしょうか。そこ
からいつも子どもを愛情深く見守ってあげてください」

　子どもが自分の価値観を築いていくための助けも必要です。
その際、気を付けたいのが**子どもを親の型にはめない**ことです。

「**手本を押し付けるのではなく、ただ、自分のやり方を見せていくのでよいのです。** そうはいっても思い通りにならないのが子育てです。 親が謝りに行く場面が再びあるかもしれません。 その度に、**子どもには悪いことは悪いと伝えて、どうしてそういうことをしてしまったのかの原因を探しましょう**」

　もしかしたら親自身に何かあるかもしれないと振り返ることも大切です。

「思った通りにいかないからこそ、子育ては面白いのです。 親の思惑の範囲内で子どもが育ってしまったら、むしろつまらないと思いませんか。 子どもが親の計り知れない姿に育っていくからこそ、世界は前に進んでいくのだと思います」

19 「乱暴なあの子と遊ばないで」はNG

帝京平成大学准教授・鈴木邦明さん

わが子がケガをさせられた・させた。親の正しい対応とは? 再発防止のためにできること

ケガを「させられた」「させた」は表裏一体

学校での休み時間や放課後など、わが子が友達に「ケガをさせられた」「ケガをさせてしまった」というトラブルが起き、ドキッとしたことはないでしょうか。

学校から連絡があれば詳しい状況が分かるものの、子どもの話だけでは要領を得ず、どういう経緯だったのか、ケガの治療費などはどうするのか、相手の親との話し合いは…などと、対応に頭を悩ませた人もいるかもしれません。

公立小学校に22年間勤務し、児童と関わってきた帝京平成大学人文社会学部児童学科准教授の鈴木邦明さんは、「わが子が**『ケガをさせられた』『ケガをさせた』は表裏一体の問題**です」と言います。

「トラブルが起きたときに『わが子が傷つけられた』と怒りにまかせて突発的な行動をしたり、『まさか、うちの子が』と動揺してきちんと謝罪しなかったりすることのないよう、どちら

の立場にもなり得るということを意識しておきましょう。どう対応すべきか、順序とポイントを知っておくと、いざというときに役立ちます」

また、同じトラブルが繰り返されないように、「あの子は乱暴だから、もう遊んじゃダメ」などとわが子に言いたくなるかもしれませんが、ここにも注意点があります。

親がまず取るべき行動とは？

わが子がケガをさせられたとき、学校の先生が見ていたり、ひどいケガだったりしたら、学校から連絡が入るでしょう。しかし、連絡がない場合はどうしたらいいのでしょうか。

相手の子どもや親に一言言いたくもなりますが、「**親がまず取るべき行動はケガの状態の確認** です」と、鈴木さんは言います。

「学校から連絡がない、ということは本人が歩いて帰ってきたという前提ですから、そこまでの大ケガではないかもしれません。しかし、頭部の打撲など後から影響が出て心配なケースもありますから、まずはケガの部位や状態をしっかり確認してください。その上で治療が必要なら、すみやかに病院で診察してもらいましょう」

次は子どもへの聞き取りです。**相手の子どもとどんなやり取りがあったのか、なぜケガをさせられるような状況になったの**

かを冷静に聞きましょう。

「このときに気をつけたいのは、**『わが子の言うことが真実とは限らない』**ということです。例えば『○○くんがたたいた』と言っても、もしかしたらわが子が何度もからかって、相手が我慢しきれなくなったのかもしれません。

子どもは自分に都合の悪いことは話したがりませんし、隠す意図がなくても低学年ではうまく説明できないこともあるでしょう。このときに親が相手方に怒っていたり、詰問口調になったりすると、ますます子どもは口を閉ざしてしまいます。まずは静かに落ち着いて話を聞きましょう」

また **連絡を取るべきなのは、相手の親ではなく「学校がベスト」** です。

「まずは担任や、わが子や相手の子どものことをよく知っている先生に連絡しましょう。相手の子どもも都合の悪いことは自分の親には話しませんから、中立な立場で両者の言い分をきちんと聞いてくれる人がおすすめです。なぜ、どうしてケガをしたのか、ここで原因を明らかにしましょう」

最初は**「ケガの確認」**、そして**「子どもへの聞き取り」「学校への連絡」**という順序で、**「相手の親との話し合い」は最後**です。

「相手の親もわが子から聞いた話だけでは『うちの子は悪く

ない』と思っているかもしれません。そこにケガをさせられた側が怒り心頭で連絡すると、話し合いがヒートアップし、収拾がつかなくなる可能性もあります」

学校の責任はどこまで？

学校の授業中や休み時間など教育活動中に起きたケガであれば、学校に責任があります。しかし、**登下校中や放課後などのケガの場合、学校によっては対応してくれない場合もあります。**それは「学校保健安全法」では、学校の登下校に関する役割を「地域との連携」「交通安全のルールを教えること」としていて、安全確保までは定めていないからです。

「そのときには親同士で話し合うことになりますが、普段から顔見知りの親と、全く知らない親とでは心理的なハードルが違ってきます。ママ友同士のように近い間柄であれば、直接電話やLINEなどで話して済むでしょうが、知らない間柄であれば、子どもや周囲の人に聞いて連絡先を知ることから始めなくてはいけません。**普段からなるべく親同士の横のつながりをつくっておくことをおすすめします**」

法的措置よりも先にすべきことは？

傷が残るほどのひどいケガをしたのに相手の親や子ども、学校から謝罪がない、治療費などの実費を負担しようともしないなど、相手の対応に納得がいかない場合は、法的措置に訴え

るべきでしょうか。

　「多くの自治体で子どもの治療費は無料でしょうが、器物破損やケガによって習い事を休んだときに月謝が発生するなどした場合、それに対する弁償は状況に応じてあり得ることだと思います。ただ、お金を払う（弁償する）となると、支払う側にいろいろな感情が働きます。**すぐさま金銭的補償を求めるのではなく、状況に応じて考える必要があります**」

　考え方としては「法的措置は最後の手段」です。

　「金銭的な負担が生じ、手続きも煩雑であり、手間が大変になることもあります。そのため最後の手段と考えるほうがいいでしょう。

　それよりも最初に相手の親や担任と話してらちが明かないのであれば、担任から学年主任、それでもダメなら生徒指導担当、教頭や副校長、校長、教育委員会、と1つずつ段階を上げていくといいと思います。実際に訴えなくても、**『法的手段に訴える覚悟があります』と強い姿勢を見せることで、相手の親や学校側の態度が変わり、話が進むこともあります**」

　反対に、**本当は納得がいかないのに「モンスターペアレントと思われたくないから」と我慢する必要もありません。**

　「例えば、大人同士でトラブルがあり、誰かに暴力をふるっ

たら『暴行』、ケガをさせたら『傷害』で罪に問われます。子ども同士のことだから、と何をしても許されるわけではありません。相手の子どもにとっても『気に入らなければ、暴力を使えばいいんだ』という間違った価値観を持つことは今後の人生にとってマイナスです。

　大人になっても我を押し通す人、ちゃんとルールを守れない人がいますが、そうした人は子どものときに善悪の判断をきちんと学ぶ機会がなかったのだと思います。**子どもであっても責任の所在を明らかにする、それに対してきちんと謝罪する、ということは学ぶべき**です。ケガをさせられた側が相手の親や学校に連絡を取り、しっかり話し合いをしたほうがいいのは、こうした理由によります」

わが子の危険センサーを働かせるためには？

　親としてはケガをさせられたとなると、つい「もう、そんな乱暴な子とは遊ばないで」「近づかないほうがいいんじゃない」と言いたくなりますが、これは禁句でしょうか。

　「**親であっても、子どもに友達のえり好みをさせることは良くありません。**ただ、子どもが自ら危険を察知する力をつけることは大事です。

　『お母さんが子どものときに乱暴なクラスメートがいて、ケガをさせられたから気をつけるようにしたんだ』『暴れたり、調子

に乗ったりしている子に近づいてケガをしたことがあるよ』と
いった例え話などをして、子どもの危険センサーを働かせるよ
うにするといいでしょう」

わが子が誰かにケガをさせてしまったら？

ここまでは「ケガをさせられた」想定ですが、時と場合によっ
ては反対に「ケガをさせてしまった」パターンも起こり得ます。

このときも基本的には同じ順番で、「わが子に相手の子ども
のケガの状態を確認」→「わが子に状況の聞き取り」→「学校へ
の連絡」→「親子で謝罪」→「相手の親との話し合い」となりま
す。明らかにわが子が悪い、ケガの程度がひどい、といった場
合はしっかり謝罪すべきです。

もしも、**明らかにわが子が悪いわけではない、どちらにも非
があるという場合は、間に学校を入れることが大事** になります。
きちんとこちらの立場を伝えることが、問題がこじれるのを防ぐ
ことにつながるからです。

「自宅まで謝りに来られるのを嫌がる家庭もありますし、**学校
で話し合える場を設けてもらったほうがいいでしょう。** 電話は
時間帯によっては忙しくて出られない親もいますから、すぐに
つながらなくても何度かかけ直す、留守番電話にメッセージを
残すなどして、詫びる姿勢を示すことが肝心です。

　そのときには治療費についても相談をするようにします。子どもの治療費は無料という自治体が多いと思いますが、保険を使う場合は学校や学童が加入している保険があるのか確認が必要です。器物破損やケガで習い事を休む場合の月謝など、弁償が必要かどうかも尋ねて、誠意を見せましょう」

再発防止のためには

　ケガをさせられた・させたといったトラブルが二度と繰り返されないよう、**わが子とケガの危険性について話し合っておくことも大事**です。

　「私が小学校の担任をしていたときは、低学年の子どもたちに理科室の人体模型の頭蓋骨を見せていました。人間の頭蓋骨の厚さは薄い部分になると、3〜4mmしかありません。『ここをたたいたり、蹴ったりしたら、どうなると思う？』と聞いたら、

小さな子どもたちでも『折れる！』『大ケガする！』と答え、暴力はいけないんだと分かってくれました。

　家には人体模型はないと思いますが、ネットで探してイラストを見せながら話す、といったことはできると思います。**低学年の子どもに分かるような形で、ケガや暴力の危険性について伝える**ようにしましょう。

　放課後は学校の責任外ですから、『誰と一緒なのか』『どこへ遊びに行くのか』『自転車で行くのかどうか』といったことも、しっかり確認しておくべきです。こうした親子の会話がケガを防ぐ手段の1つになると心得ておいてください」

20 学校に行き渋り まずは休ませていい

小児科医／小児神経専門医・加藤善一郎さん

「なんとなく行きたくない」は軽い「アレルギー反応」。

「休みグセがつく」心配はせず、まずは休ませてもいい

理由とは？

子どもは「行きたくない理由」を自覚できない

　子どもから「学校に行きたくない」と言われると、親は「何か学校で嫌なことがあったのでは」「友達や先生とうまくいってないのでは」と、理由を探そうとしがちです。ところが子ども本人に聞いても「なんとなく学校が嫌だ」「分からないけど、今日は行きたくない」など、はっきりしないケースも多くあります。

　「子どもが、学校に行きたくない理由を自覚できないことはとても多いのです。本人も学校に行きたい気持ちはあるのに、体がなぜかいうことを聞かずに困り果てています。**そんな子に対し、『どうして行けないのか』『どうしたら行けるようになるのか』と詰め寄るのは酷**でしょう」

　そう話すのは、小児神経専門医として不登校の子どもの外来診療にあたってきた加藤善一郎さんです。加藤さんは、岐阜県にある不登校の中学生のための特例校、岐阜市立草潤中学校の「こころの校医」も務めています。

「大人でも、病気になってしまったときに、『なぜ病気になったのか』『どうすれば治ると思う？』と詰め寄られたら困りますよね。まずは、**子ども自身が1番困り果てているという状況を、大人が理解してあげましょう。**そして、子どもが学校に行き渋り、『今日は休みたい』と言ったら、『そうなんだね、分かったよ』と、子どもの気持ちに寄り添って休ませてあげるといいですね」

　とはいえ、親にしてみると、理由が分からないままに学校を休ませることに罪悪感を抱いたり、休みグセがつくかもと心配したり、学校の勉強が遅れてしまうのではと不安を感じたりしてしまうもの。休ませてもいいという「悟りの境地」には、なかなかたどりつけないかもしれません。親が本心から子どもの気持ちに寄り添い、困り果てているわが子をしっかりサポートしてあげるには、どのように考えていけばいいのでしょうか。

行き渋りや不登校は、アレルギー反応

　実は、子どもが行き渋ったり、不登校になったりする原因は複数あり、それらは**「外的環境要因」と「内的環境要因」の大きく2つに分類**できる場合が多い、と加藤さんは説明します。

　外的環境要因に分類されるのは「学校」です。学校生活に存在する、先生との相性や集団での勉強、教室環境、集団生活上のルールや、友達関係などがこれに当たります。

　一方で、内的環境要因は、人より繊細だったり、感じやす

かったり、少し神経質だったり、落ち着きがなかったり、といった、個人の気質や特性を指します。

「小学校低学年の場合、**可能性があるのが、ADHD（注意欠陥多動性障害）やASD（自閉スペクトラム症）といった発達特性や、知的アンバランス（知的能力の偏り）**です。私が不登校外来で診察してきた子どもには、こうした傾向が少なからず見られました。

小学校高学年や中学生以上の場合は、起立性調節障害を発症しているケースがかなり多いことへの認知度が高まってきていますが、さらに、発達特性や知的アンバランスも併せて持っているケースが多いことに注意が必要です」

内的環境要因と外的環境要因を、加藤さんはそれぞれアレルギー体質とアレルゲンに例えて解説します。

「**内的環境要因がアレルギー体質、外的環境要因がアレルゲン、と考えると理解しやすい**のではないでしょうか。アレルギー体質を持っている人であっても、アレルゲンに接しなければ症状は起きませんよね。花粉症の人でも、花粉が飛ばなければ何も問題ないように、何かしらの気質や発達特性を持つ『アレルギー体質』の人が、相性の悪い先生や友達、集団生活上の過度なルールなどの『アレルゲン』と接することで、行き渋りや不登校という症状が出てしまうのです」

アレルギー反応が起きている以上、子どもはアレルゲンから一定期間、距離を置く必要がある、と加藤さんは言います。その際、親が気を付けたいこともあります。

　「『ママとパパは学校に行ってほしいけど、あなたが休みたいなら休んでいいよ』『別に学校なんて行かなくてもいいよ』など、**子どもに選択をゆだねたり、突き放すような態度をとったりすることは避けなければなりません。** 子ども自身、行きたくても行けない状況に困っているのに、大人が子ども任せにするのは、何の解決にもならないからです。

　親御さんから、『学校の時間に合わせて勉強させるべきか』と聞かれることも多いのですが、私は勉強をさせないようにと伝えています。不登校というアレルギー症状が出ているのに、学校を思い出させるものや勉強などのアレルゲンに接するのは本末転倒だと考えます」

「どう休ませるか」が大事

　一方で、「外的環境要因」と「内的環境要因」も特になく、子どもが単に、少し疲れているだけ、ということもあります。**子どもが少し疲れているだけの場合は、数日ゆっくり休むことで再び登校できるようになったりもします。**

　「子どもはみんな『学校へ行きたい』という気持ちがあります。長年、小児科医として子どもと接してきた経験上、私はそ

う感じています。ですから、**2、3日休んだところで、何も問題を抱えていない子に休みグセがつくことはありません**」

だから、安心して休ませてあげてほしい、と加藤さん。

「行き渋りを起こしている子には、『休んでもいいよ』と、許可するのではなく、**『疲れているみたいだから、ゆっくり休もうか』などと前向きに提案する形で休ませる、というのが大人の役目**です」

そして休んだ日は、『どう休ませるか』が大事になります。休んだものの家では元気に過ごし、動画視聴やゲームなどをしている姿を見ると、**親としては「家でも勉強したら」と言いたくなるかもしれませんが、それはNG**です。

「休み中の過ごし方は子どもに任せましょう。**心の充電が大事**です。ゲームもOKですが、昼夜逆転しないよう、夜は21時までと約束するといいですね」

一方、数日休んでも回復せず、そのまま長期のお休みに入ってしまう場合もあります。そうなると親側にも焦りが生じ、子どもに対し「なぜ学校に行けないのか」と問いただしたくなるかもしれません。また、「自分の育て方に問題があったのだろうか」「子どもに寂しい思いをさせていたのだろうか」などと、親自身が自分を責めてしまうこともあるかもしれません。

「学校に行けなくて1番困っているのは子どもです。一方でお母さんも、担任の先生や親族から責められるなど矢面に立つことも多く、思い詰めることもあると思います。『共働きなので、仕事を休めない』といった現実的な問題もあるでしょう。

そういうときはつらい状況になる前に、ぜひ専門家に相談してください。まずはスクールカウンセラーに相談するといいと思います。特に **行き渋りの原因が、学校の先生との相性や友達との関係などに起因する場合は、頼りになる** はずです。学校の先生とは立場が違うため、より親子に寄り添ってくれますし、かつ学校や地域のことも熟知しているからです」

学校からは距離を置いてもいい

スクールカウンセラーに相談しても解決しない場合は、「地域の小児科や、小児神経専門医や児童精神科医などの専門医に頼ることも検討してほしい」と加藤さんは言います。

「繰り返しになりますが、**子ども自身が『学校に行けない原因』は1つではなく、複数の問題が絡み合っていること** があります。特に内的環境要因は、医療機関でなければ特定できません。

子どもの体質を理解していないと、たとえ相性の悪い先生という『アレルゲン』を排除できたとしても、別のアレルゲンに接することで、また症状が出てしまいます。子どもが行き渋りを起こすと、親はアレルゲンだけに目を向けがちです。しかし、

まずは **子ども自身が何らかの『アレルギー体質』を持っている可能性があることを知ることが、将来にわたって子どもの学びの環境を整える第一歩** になります」

　学校を長期で休むことになった場合、毎日お休みの連絡をしたり、先生から毎日のように電話がきて、そのたびに状況を説明したりするのが憂鬱ゆううつだという親も多いでしょう。

　「学校の先生も子どもを思ってのことなのでしょうが、長期間お休みしている中で何度も学校と接触するのは親子ともどもつらいものです。担任の先生に正直にそのことを話して、『何かあれば自分たちから連絡しますので』と、やんわりと学校から連絡しないでほしい旨を伝えましょう。担任の先生が納得しないようであれば、教頭先生や校長先生に直接話すと、スムーズに話が通ることがあります。医療機関にかかっているのであれば、医師に診断書を書いてもらうのも有効です」

　子どもを長期で休ませるにあたって、最も避けたいのが、**親が「1回休むとずっと行けなくなるかも」「ちゃんとした大人になれないよ」と脅してしまうこと。**

　「親として、わが子はこれからどうなるんだろう、と焦ったり心配したりする気持ちも分かります。しかしその発言は、学校に行けないことで、ただでさえ自信を失っている子どもを、さらに追い詰めることになります。仮に、長期間学校を休むことになったとしても、現代の社会ではいくらでも家で勉強できるし、

さまざまな特性を持つ子どもでも通いやすい通信制の学校もあります。学校に行かなくても、その先の選択肢はたくさんあるのです」

親子ともに「だいじょうぶ感」を育む

「行き渋りを重ねたり、不登校になったりした子どもたちは、『だいじょうぶ感』が低下している状態」と加藤さんは説明します。

「『だいじょうぶ感』とは、私が診療の場でよく使う言葉で、『理由は分からないけど、自分はOKだと感じる』という感触を表しています。子どもの『だいじょうぶ感』を育むためには、家庭での関わりも大事になります」

子どもの「だいじょうぶ感」を回復するためには、まず、**親自身が、わが子の行き渋りによって大幅に低下した自らの「だいじょうぶ感」を回復**することが大事だといいます。

「子どもが学校に行かないとなると、親御さんはつらい状況になることが多いのです。ご自身のことも責めますし、子どもの将来や自身の仕事のことなど心配も尽きません。そのように、親自身の『だいじょうぶ感』が低下している状態では、子どもに対して『もう少し休もうか』などと、前向きに提案することは難しいですよね。

大切なのは、子どもが「休みたい」と言い出したら、まずは休ませてあげること。そして親は、必要なら専門家と連携しながら、自分自身も余裕が持てるよう、生活を見直すこと。そうやって **親子ともども「だいじょうぶ感」を育むことが大事** です。

　「私が今まで出会ってきた、子どもの不登校を前向きに乗り切った経験があるご家族は皆、『そういう経験をしてよかった』と言います。そう思わないとやっていられなかった時期もあるとは思います。けれど、この経験を通して、子どもが抱えていた困難に気づき、子どもとの関わり方や親自身の生活を見直すことができたために自然に出る言葉だと思います。

　頼れる専門家と連携しながら、子どもを見守っていきましょう。そして、お休みが長引くようであれば、医療機関を頼って原因を探ってみてください」

子どもを伸ばす
親子関係
&コミュニケーション

ほめすぎや過保護、過干渉では
子どもはしっかり育たない。
子どもの能力が向上し
自己肯定感もアップする
親子の正しい関わり方とは。

21 心のケアはスキンシップが すべてではない

かけい臨床心理相談室・掛井一徳さん

「褒める」より「認める」ことで主体性を高める。

子どものタイミングで動けるようにルールを作ろう

心のエネルギーの回復は年齢に合わせて対応

　小学校低学年の子どもは、友達と遊ぶために早く登校したり、下校時も走って帰ってきたりと、元気いっぱいなイメージがあります。しかし、かけい臨床心理相談室の掛井一徳さんによると、どんなに楽しそうにしていても、**学校に行くだけで子どもはかなり「心のエネルギー」を消耗**するのだそう。

　「慣れている環境で普段通り生活を送っていても、持っているエネルギーを1日で使い切って帰ってくるのが子どもです。使ったエネルギーはご飯を食べたり、リラックスしたり、睡眠を取ったり、親子でコミュニケーションを取ったりすることで回復します。しかし、例えば**学校で嫌なことを言われると、いつも以上に余分なエネルギーを消耗してしまいます。**

　そのうえ、家に帰ってお母さん（お父さん）に話を聞いてもらおうと思っていたのに、親が時間を取れずに話せないままになると、その疲れを回復できずに翌日を迎え、また学校に行かなければならなくなります」

特に環境が変わるとエネルギーの消耗速度が増すことが多くなります。子どものエネルギーレベルがマイナスにならないように、慣れるまではあれこれいっぺんにスタートせず、「家は回復の場」として子どもが安心できる空間にしておくことが大切です。

　また、**子どもの生活の基盤となる家庭環境の変化もエネルギーの消耗を加速させる要素**となり得ます。

　「例えばお父さんの単身赴任やお母さんの異動。または祖父母の介護が必要になったり、きょうだいが生まれたりといった家庭の変化も、子どもの心に大きな影響を与えます。『親にゆとりがなさそうだな』と感じると、子どもは気を使って自分のことを話さなくなることもあります。

　そうすると子どもは日ごとに**エネルギーの借金を増やすことになり、回復できないまま過ごすことに。** それにより、だんだん物事に過敏になり、少しのことで落ち込むなど、情緒不安定になりやすくなります」

子どもの関心に関心を持つ

　ではどうすればエネルギーを正しく回復できるのでしょう。

　「子どもの変化に早めに気付くことができた場合、親がしっかり話を聞いたり一緒に遊んだりする時間や、ゆっくり安心で

心のケアはスキンシップがすべてではない

きる時間、睡眠時間を十分に確保することで、エネルギーをかなり回復させることができます」

　気を付けたいのは、子どもの年齢に合わせた対応をするべきという点です。

　「子どもの成長度合いや個性にもよりますが、**学年が低ければ低いほど、疲れたりしんどいなと感じている子どもに対しては、抱きしめるなどのスキンシップが有効** です。ただ、成長とともに直接的なスキンシップは求められなくなります」

　成長してきた子どもに有効なのが、「子どもが関心を持っていることに親が関心を示し、一緒にやることですね」と掛井さん。

　「例えば子どもからカードゲームをやりたいと言われても、それまで一緒にやってきていないから分からないし困った…と思ったら、まずは『ルールを教えてくれる？』と素直に伝えましょう。そうやって子どもと一緒に、子どもが興味を持つことをやってみてください」

　子どもは自分が楽しいと思っていることに対して、**大人が一生懸命関わってくれると、まるで「回復の魔法」にかかったかのようにエネルギーを得ていきます。**

　「子ども自身からやりたいことを聞き出すのももちろんいいのですが、日ごろから子どもの関心があることを知っておくと、な

おいいですよね。そのためにも、1日の中でどんなときに子ども
がリラックスしているのかを毎日観察すること、子どもの話を聞
くことが大切です。

　家事などをしている最中でも子どもが『聞いて』など声をか
けてきたら、『〇時からまた（家事を）するけど、今は話を聞く
よ』と、**5分でいいので手を止めて話を聞く時間を設けてみて
ください。**子どもは親が自分に高い関心を持っていると感じら
れ、安心感を持つようになります。結果的に、短い時間でも親
子で濃密な会話ができるようになりますよ」

あのね
あのね

なに
なに？

エネルギーの消耗が表に出にくい子も

　エネルギーはマイナス度が小さければ小さいほど回復は早い
もの。一方で、**マイナスになっていることが表に出にくいタイ
プの子もいるので注意が必要**です。

　「大人でも、責任感が強い人ほど体が疲れていても精神力で

カバーしようとする傾向がありますよね。子どもの場合も早めに熱を出したりおなかを壊したりと、体調に出てくれたらいいのですが、ぎりぎりまで我慢し続けてしまうことが。その結果、ある日突然、糸が切れたように体が動かなくなってしまうタイプの子どももいます」

　背景には、現在の教育が評価主義の競争社会の影響を大きく受けていることが挙げられます。

責任感が強い子は頑張りすぎてしまう

　「学校では学年ごとに、**『ここまでできないといけない』というグレードが用意されてしまっているので、親も子どももそこに向かってしまいがち** です。やがてそのグレードの中での評価が気になるようになり、ひいては受験でこのレベルの学校に行かなければ…などとレールを敷いてしまいかねません」

　本来、子どもはきょうだいがいる、一人っ子だ、祖父母が遠くに暮らしているなど、生活する環境も異なれば、持っている能力も経験してきたことも一人ひとり異なります。そうした背景を加味せず一律に合わせようとしている状況は、子どもたちにとっては負担となり、心身ともに疲弊してしまうのです。

　「**子どもは多少無理してでも、親や先生に褒められればうれしいし、もっと褒められるために頑張らなければと思ってしまう** ものです。子どもが無理をして合わせていることを理解せず、頑

張れているのだからと『もっといい成績を取るといいよね』など
と親がハードルを上げ続けると、子どもは疲弊する一方です。
**『これくらいの成績が収められていれば』とか『あの学校に入
れば』という願望は、あくまでも親の安心感** のためのものです」

　責任感が強い子や、親に嫌われたら生きていけないという気
持ちが強い子の場合、親が言ったことに従うことが最優先です。
こうした子どもの場合、不安定な新学期でさえも、頑張りすぎ
てしまうことがあります。一見、元気そうに見えますが、それが
カラ元気で、ある日突然学校に行けなくなってしまう…というこ
とが起きるケースも少なくありません。

　「一度立ち止まって子どもをよく観察してみてほしいのです。
もし、急に学校に行きたくないなどと言い出したら、**叱ったりせ
ず、『無理して頑張っていたよね』と子どもの気持ちに寄り添っ
た声かけ** をしてみましょう」

　一方「うるさいな！」「だったらママがやれば？」などと文句を
言える子や、「はいはい、分かりました」などと適当に受け流し
ている子は、**反抗的なように見えて実は親への信頼感がある** と
いえます。

　「『文句を言っても親に捨てられない』という自信があるから
こそ反抗できるのでしょう。あまり気にしすぎなくて大丈夫だ
と思います」

できなかった体験も認めてあげる

　身支度を1人で素早くできるようにさせたい、今までより早寝早起きを守らせたい、自分から宿題をするようにさせたいなど、より子どもの自立を促したいと考える人も多いでしょう。

　子どものやる気を高めるためには、「褒める」のが効果的なのかと思いきや、「**褒める＝条件付きの肯定なので、『耳のいい子』は『できなかったら褒められないのかな？』と思ってしまう**んです」と掛井さん。

　「耳のいい子」というのは、いわば声なき声も感じ取れる勘のいい子のこと。「親はこれをクリアしなさいと思っているんだなといった無言の期待を感じ取る子たちがいます。やがて『この条件がなければあなたのことを愛さないよ』と思っているのかなと、耳のいい子は感じるようになっていくんですね」

　だからこそ、むやみに褒めるのではなく、「認める」ことが大切です。

　「難しいことですが、子どもの主体性や自尊心を高めるためには、**単にできたことを褒めるのではなく、できなかった体験も『よくやったね』と認めることが大切**です。また、子どもがこうしようと思っている、こうできたということを、一緒に素直に喜ぶことも効果的でしょう」

例えば宿題や歯磨きは子どもにいくら言ってもなかなか取りかからないことの代表例です。しかし、家に帰ってきてゆっくり過ごし、エネルギーを回復するはずの時間に、親が気になるからと矢継ぎ早に「いつ宿題やるの?」「もう宿題はやったの?」「ご飯の時間までにやりなさい!」「言われないと歯磨きできないの?」などと声をかけていると、エネルギーを回復する時間が持てませんし、やる気も失われます。

　「子どもは宿題も歯磨きも、最終的にはやりますよね。それなら例えば親は『〇時までには自分で取りかかれるといいよね。〇時にまだやっていなかったら、そのときは声をかけるけど、それでいいかな?』などと親が声をかけるルールを子どもと一緒に作るようにします」

　決めたルールを親が守ることで子どもは、親は自分を信頼しているから任せてくれているんだなと感じられる ようになります。そうすることで、子どもが『お母さん(お父さん)は〇時と言っていたけど、見たいテレビ番組があるから、その30分前までに始めておこう』などと、自分で自分をマネジメントする機会にもなるでしょう。それによって子どもの自立心も高まります。

　「**親からの『あなたは自分でできる』という信頼感は、子どもの自己肯定感につながります。** 子どもが自分のタイミングで動けるようにし、自立心を高めていきましょう」

心のケアはスキンシップがすべてではない

22 過保護で無気力に 忙しい親こそ注意

東海大学教授・芳川玲子さん

ある一線を越えると過保護・過干渉に。その線引きと過保護・過干渉が奪ってしまうものとは?

> 低学年の親は過保護になりがち?

　小学生になると、子どもは自分でできることがどんどん増えていきます。そんな子の成長を頼もしく思う一方で、「心配だから」と、つい手や口を出したくなることも少なくないでしょう。

　「子を思えばこそいろいろとやってあげたい気持ちはよく分かります。子育てでは子どもを保護することや適切な干渉は必要です。もちろん低学年であればまだまだやってあげることも多いでしょう。けれども、それが **ある一線を越えると過保護や過干渉になってしまいます** 」。こう話すのは、臨床心理士で、学校心理士スーパーバイザーとして学校現場で親子や教師の相談に応じている東海大学教授の芳川玲子さんです。

　「『過保護』と『過干渉』は異なるものですが、どちらも子どもの大事な育ちの機会を奪うことにつながるので、避けなくてはなりません。 中でも、低学年の子の親が陥りやすいのが『過保護』です」

言語能力が発達段階の低学年のうちは、「自分の考えや意見を言葉で表現できないということは、自分で判断したり行ったりする能力も十分ではない」と親が誤解をしてしまいがち。**「まだ幼くてしっかり考えられないのだから、私がやってあげなくては」と過保護になってしまう傾向がある** のだそうです。

過保護が子の成長のチャンスを奪う

　親の行為が、適切な養育に当たる「保護」「干渉」か、それともある一線を越えた「過保護」「過干渉」に当たるかは、それぞれにおいて線引きがあります。

　「まず『保護』と『過保護』の線引きについては、その行為に対する子どもの能力の有無にあります。 赤ちゃんのころは、オムツ交換、食事の世話、歩行の補助など、すべてに親が手を貸してあげていました。幼い子どもが自分でできないことに親が手を貸すのは当然のことで、親としての『保護』に当たります。

　でも、子どもは成長し、自分で排せつも歩行もできるようになり、食事も取れるようになりますよね。自分で食事が取れるようになった子に、いつまでも親がスプーンやフォークで口に食べ物を運ぶのは『過保護』です。

　同様に、身の回りのことが1人でできるはずの小学生に親が服を着せてしまう、先回りして学校の持ち物を準備してしまう、時計が読めるのに『あと〇分で家を出ないと遅刻するよ』と注

意してしまう、などは『過保護』です」

　親の過保護は、子の成長の機会を奪ってしまう と芳川さんは話します。

　「学校に行く支度、朝の起床など、どんなことであれ、子どもは自分の力でやり遂げることで、『自分でできた』という達成感を得ることができます。その結果、『自分はできる。大丈夫だ』という自信を身に付け、他のことにもチャレンジする意欲を広げていきます。けれども、**いつまでも親が手を貸してしまうと、『達成感』『自信』『意欲』といった子どもの育つ土台になる力が育たず**、結果として子の自尊感情が低下し、無気力な子になってしまいます」

　過保護のつもりはなくても、共働きで忙しい家庭の場合、時間がないという理由から「あと〇分で家を出る時間だよ」「今日は寒いからこれを着なさい」などと、親が先回りして物事を進めてしまうこともあるかもしれません。

　「『心配だから手を貸す』と、『時間がないから先回りして手を貸す』では、親のマインドは違います。とはいえ、**子どもに**

とっては、自分でできることを自分でするチャンスを奪われて
しまっている、という意味で同じことです」

> **ここがポイント！**
>
> ● 過保護な対応は子の自尊感情を低下させ、
>   子を無気力にしてしまう
>
> ● 「忙しい」という理由で親が先回りすることは、
>   子に対し過保護と同様の影響が

子どもが自分で動ける工夫を

　意識したいのが、**子どもが自分でやり切るための「時間的余裕」をつくってあげること。**忙しい毎日では難しいと思うかもしれませんが、朝に10分の余裕をつくる工夫をするだけで、親が「ついやってしまう」ことも、子どもが「言われたからやる」ことも減ってきます。

　例えば、朝は子どもの**起床時間を10分くらい早めてみる**のはいかがでしょうか。家を出る前に自分で持ち物を確認する余裕が生まれるでしょう。

　その他にも、子ども自身が自分から動けるようにするために、宿題をする時間、寝る時間について子どもと話し合って決めておくとよいですね。**決めた時間内にできたときは寝る前に好き**

な本を読んであげるなどといったご褒美を決めておく と、子どもの自発的な行動を促すことができます。できることから1つずつでよいので、親子でトライしてみてください」

ここがポイント！

● 忙しい家庭は子どもの起床時間を10分早めるなど時間的余裕をつくることを意識してみる

● 子どもが決めた時間内に宿題や寝る支度ができたときは、ご褒美に本を読んであげるなど、自発的に動く工夫を

自我が出てきたら過干渉に注意

『干渉』と『過干渉』の線引きは自我に基づく「明確な意志」があるかどうかだと芳川さんは言います。

「『過干渉』とは、子どもに意志があるにもかかわらず、それを無視して親の決めたことを強制することを指します。例えば、小さな子に対し『体を強くするために水泳を習わせよう』などと親が考えスイミングスクールに連れて行くのは適切な『干渉』です。

しかし、子どもが成長し自我が芽生え、明確な意志を持って『水泳はやりたくない』と言っているのに、『何を言っているの、続けなさい』と子の意志を無視して続けさせるのは『過干渉』。

この場合、**親に見えていないのは、やりたくないことをやらされる子どもの『心のマイナス体験』**です。

　嫌だな、やりたくないな、と思いながら続けるということは、つらいのはもちろん、時にサボったり、ズルをしたりする『嫌な自分』に出合ってしまうということでもあります。それは子の成長を阻害する要因にもなります」

> ### ここがポイント！
>
> 干渉と過干渉の線引きは、子どもの自我に基づく
> 「明確な意志の有無」にある

　勉強に関して、嫌がる子に「しなさい」と言うのは「過干渉」になるのでしょうか？

子どもを勉強に向かわせる際は、子どもの体力やその日の状況などを考慮する必要は当然ありますが、宿題など日々の基本的な勉強については『過干渉』ではないと考えてOKです」

ただし、**本人の気が進まないにもかかわらず受験塾に行かせることは、「過干渉」に近いので注意が必要です。** さらに高学年以上になって子どもが嫌がっているにもかかわらず、「私立中学を受験しなさい」「○○中学を第1志望にしなさい」などと口を出し、親の考えを強制するのは「過干渉」といえます。

「『過保護』と『過干渉』は共に子どもの達成感や自信を感じる機会を奪い、自尊感情を低下させてしまうという点で共通しています。特に**『過干渉』は子どもの気持ちを無視するという点で、エスカレートしていくと心理的虐待**の領域になり、子に与える影響は大きくなります」

「過干渉」が問題になるケースの多くは、子どもの自我が確立される思春期以降に起きやすく、**子どもが低学年の間は「過干渉」よりも、「過保護」が問題になっているケースが多い、**と芳川さんは指摘します。親は「過保護」や「過干渉」の弊害を意識し、注意する必要があるといえるでしょう。

- 「過干渉」も、「過保護」同様に子どもの自尊感情を低下させ、エスカレートすると心理的虐待の領域になる

- 子が低学年で自我がまだ確立されていないうちは、「過干渉」より「過保護」が問題になるケースが多い

Chapter

V

親子関係

過保護で無気力に　忙しい親こそ注意

23 「できたことを書く」が自己肯定感に

発明家／行動科学専門家・永谷研一さん

他人からの評価、成績などの比較で下がりがちな自己肯定感を、1日5分の「書く習慣」で引き上げる

> まずは「できたこと」に目を向ける

　小学校に上がると、テストや成績表などによって、子ども同士が比較されたり、他人に「評価」されたりすることが増えてきます。多数の企業や学校で人材育成や研修を行う一方、子どもたちの自己肯定感を高める社会活動を行っている永谷研一さんはこう言います。

　「子どもたちは、テストで90点を取っても、『惜しかったね。あとちょっとで100点だったね』などと声をかけられ、『取れなかった10点の部分』に注目されることがほとんどではないでしょうか。こうして、自分のマイナス面に注目され、できなかった点ばかりを指摘されていると、子ども自身も自分のダメな部分にばかり着目するようになってしまいます。

　子どもの自己肯定感を下げないためには、子どもも親も、日頃から『できなかったこと』ではなく『できたこと』に目を向ける必要があります。 例えば、『時間がなくて10分しか勉強ができなかった』と考えるのではなく、『時間がないのに10分勉強

できた』という考え方に、スイッチしてあげることが大切です」

　自己肯定感を上げるために永谷さんがすすめるのは、**1日5分、ノートなどにその日の「できたこと」を記入する習慣をつけること。** しかも、それは「親子」で行うと、より高い効果が期待できます。

　「親自身も、仕事で問題点（ダメな点）を洗い出して対策をするという『問題解決活動』を、日々行っているでしょう。子育てにおいても同様に、『ここがダメだから、改善すべき』という考え方にとらわれがちではないでしょうか。

　人は、自分のできたことに目を向けられるようになって、初めて他人のできたことにも目を向けられます。実際には、**子ども以上に親のほうが自己肯定感が低いことが問題**だと思いますので、まずは、**親が自分自身の『できたこと』に着目できるようになるといいですね**」

自分のことも子どものことも肯定的に見られるように

　毎日、「できたこと」をノートや手帳に記入していると、親が子どもを観察する「目」が変わってきます。それは、Aさん親子の次のような会話例を見てみるとよく分かります。

　Aさんは、これまで息子さんがゲームをしていると「いつまでやっているの！」などとガミガミ叱っていたそうです。しかし、

「親子で『できたこと』を書き始めてから」は、こんなやり取りをするようになったそうです。

今まで

息子 ：「やった！ クリアした」

Aさん：「もう、何時だと思っているの！
　　　　いいかげんにしなさい」

息子 ：「…（うるさいなあ）」

親子で「できたこと」を書き始めてから

息子 ：「やった！ クリアした」

Aさん：「どうやってクリアしたの？」

息子 ：「YouTubeで調べて攻略法をつかんだ」

Aさん：「へえ、あなたもゲームをクリアするために
　　　　頑張っているんだ」

「評価」ではなく、「承認」できるようになる

　Aさん自身、息子さんのゲームに対して、「頑張っているんだ」と褒めた自分に驚いていました。なぜ、「できたこと」を書くだけで、このような変化が起きたのでしょう？ それは、**親が子を「評価」するのではなく、親子で「承認」し合うようになった**ためです。

親が子どもを「評価」するときは、すでに親の中に正解や合格ラインがあります。例えば、自分の幼い頃と比べて、「こんなこともできないなんて」と思うのも、幼い頃の親自身（子どもにとっての他者）と比較しているためです。

　一方、「承認」というのは、比較ではなく「絶対値」です。「料理がおいしく作れた」「算数の宿題を10分以内に終わらせた」といった「できたこと」は、他人との比較ではありません。**今の自分の「できたこと」、つまり「自分軸でありのままの自分」に目を向けている** ことになります。

　では、子どもを「評価」ではなく「承認」するために、ノートや手帳にどのように「できたこと」を書けばいいのでしょうか。

親子で「できたこと」を書く手順とポイント

　まず見開きノートなどを用意します。左側のページに子ども、右側のページに親の「できたこと」を書き、1週間で1見開きを使いましょう。

❶ 1週間で「自分のなりたい姿」を書く

　ページの1番上に、親子がそれぞれ「1週間でなりたい姿」を書きます。「サッカーをたくさんしたい」「料理をがんばりたい」など、ざっくり「こうなりたい！」というイメージでOKです。

【親子で「できたこと」を書く手順】

❶ （週の最初の日に）「自分のなりたい姿」を書く（最初はスキップしてもOK）

❷ （基本的には毎日）今日の「自分の気持ち」を、絵やマークなどで書く

❸ （基本的には毎日）今日の「できたこと」を2〜3個書く

❹ （基本的には毎日）親子で「できたこと」にコメントし合う

❺ （週1回）親子で「ベストできたこと」を1つピックアップして次の工夫点を書き、フィードバックする

ポイント！ 「今週の目標」とせずに「自分のなりたい姿」としているのは、「目標」としてしまうと、それが「正解」や「合格ライン」となってしまい、達成するために自分の「できていないこと」ばかりに目が向いてしまうからです。

　最初のうちは、思い浮かばなければ書き飛ばしても構いません。書くときには、「子どもを叱らない」などの**「～しない」というネガティブな言葉を使わない** ようにします。

❷ 今日の「自分の気持ち」を、絵やマークなどで書く

　日付を書いたら、その隣に「今日の自分の気持ち」を書きます。絵でもいいし、「楽しい！」などと書くのでもOKです。親子がそれぞれのページに、その日の気分を自由に書き込みます。

ポイント！ 「自分の気持ち」を書くのは、目の前で起きたことをどう捉えているかという「認知」と、今の自分の「感情」を分けて考える訓練をするのが目的です。「今は悲しいけれど、できたことはこんなにあった！」などと感じられると、出来事と感情が必ずしもイコールではないことに気づけるはずです。

　最近は、自分の感情をうまく言葉にできない子どもも見受けられます。でも、「できたこと」と連動していなくてもあまり気にせず自然体でOKです。その日の気分を「涙の顔」「うれしい！」などの絵やマーク、コメントで、自由に記入しましょう。

❸ 今日の「できたこと」を2 〜 3個書く

　親子がそれぞれ、その日にあった「できたこと」を箇条書きで書きます。「どうありたいか？」や「自分の気持ち」と関連していなくてもOKです。

　何を書こうか悩んでいたら、お互いに、「よし！ って思ったことは？」「早く終わったことは？」などと質問し合うようにします。子どもから「今日のできたこと、何も思いつかない」と言われても、「何かあるでしょう！」などと叱るのはやめましょう。

ポイント!　「したこと」ではなく、「できたこと」を書くようにします。例えば、りんごの皮むき一つにしても、「りんごの皮をむいた」と書くと「したこと」ですが、「りんごの皮が途切れないでむけた」であれば、できたことになります。子どもが「サッカーをした」などと書いた場合には、「どんなふうにしたの？」などと質問をすることで、できたことが見つかること場合もあります。

　親のページには、「部長に稟議（りんぎ）を通した」といった**立派なことより、「本当に素朴なこと」を書くように意識**してみましょう。**できたことのハードルを上げず、日常のささいなことに幸せを感じられるようになることが大切**です。

　親が心がけたいのは、ありのままの自分を「受け止める」こと。それができて初めて、子どものことも「こうあるべきだ」という理想の姿にあてはめて見ることがなくなります。

❹ 親子でお互いの「できたこと」にコメントする

「やったね！」「すごいね！」「ありがとう」などの一言や、シール、絵など何でも構いません。相手のできたことに対して、フィードバックをしましょう。

ポイント！ 思ってもいないことを書いて、無理やり「褒める」必要はありません。褒められてばかりだと、子どもは逆に、「褒められる」ことを担保しようと、自分の目標設定を下げてでもいい子でいようとしてしまうことがあります。実は、そうした状態も、自己肯定感が下がった状態です。

❺ 親子で「ベストできたこと」を1つピックアップして 次の工夫点を書き、フィードバックする

1週間の中でもっとも印象に残ったり、1番楽しかったりしたことなどを直感で選び、その週のページの1番下に書き出します。それに対して、お互いにフィードバックをします。

ポイント！ 「今週のベストできたこと」を選んだら、お互いに、「次はどんな工夫をする？」という質問をし合って、できたことをさらにブラッシュアップするよう計画します。

3カ月ほど続けると、「ベストできたこと」にも傾向があるのが見えてくるかもしれません。よく選ぶものは、まだ気づいていない「好きなこと」「やりたいこと」である可能性も。「私はこれが好き」ということに気づき、その好きなことができるように

「できたことを書く」が自己肯定感に

なると、自己肯定感はぐんぐん高まります。ぜひ、定期的に見返すようにしましょう。

親子で「できたこと」を書くメリットは？

親子でできたことを書いてフィードバックし合うメリットは、**「喜びが連鎖」して、互いに自己肯定感が上がる** ことにあります。例えば、次に紹介するBさん親子は、「スープ作り」を通して、親子で自己肯定感を高め合っているのが分かります。

Bさんがスープを作って子どもに喜ばれたことを「できたこと」に書くと、子どもからは、「だしがおいしかった！」といううれしいコメントが。子どもからのコメントによって自己肯定感が上がり、やる気になったAさんは、創意工夫をし始め、ますますおいしいスープが作れるようになりました。

これにより、子どもたちの自己肯定感も上がりました。**「親が喜んでくれた」** ということに幸せを感じ、**「自分が（親の）役に立てた」** という実感を得た からです。人に対して行ったコメントによって、相手はもちろん自分も幸せを感じる。これを**「フィードバックのブーメラン効果」**といいます。

本質的な自己肯定感とは、「ありのままの自分で人の役に立てること」「社会の中で生きていていい、存在価値があると思えること」を指します。Bさん親子は、そうした自己肯定感を、親子でコメントし合うことで育むことができました。

【Bさん親子のノート上でのやり取りの例】

Bさんの「できたこと」

11月27日　適当に作ったスープが
　　　　　子どもたちに大好評でうれしい！

`子どもから のコメント` ↓
だしがおいしいかった！

11月28日　今日もおいしいスープが作れた！
　　　　　昨日よりバージョンUP！

`子どもから のコメント` ↓
あったまったー！

11月29日　今日もおいしいスープが作れた！　金
　　　　　曜よりさらにバージョンUPして野菜
　　　　　も入れられた！

`子どもから のコメント` ↓
もっともーっとおいしくなっていたよ！

`今週の ベストできたこと`
野菜入りの美味しいスープ
が作れた

`次はどんな工夫 をする？`
食材を増やしてみる

`子どもから`
もっともーっとスープを
進化させておいしくしてね♡

「できたことを書く」が自己肯定感に

親子で「できたこと」を書いていくと、自分自身はもちろん、わが子への「見る目」が変わります。　自然といい部分ばかり目に入るようになるので、おべっかで「褒める」こともなくなるでしょう。　それにより、子どもはさらにうれしい気持ちになるはずです。ぜひ、続けてみてください。

24 怖い、不安の排除は 感情のフタを生む

認知行動療法専門家・松丸未来さん

不安、恐怖、喪失感…幼い頃から「負の感情」を排除せず、折り合いをつける経験を積むことが、思春期の「壁を乗り越える」力に

子どもが「怖い思い」をするのは避けるべき？

ある共働きママのA子さんは、夫の祖母が亡くなり、低学年の子どもを連れて告別式に参列した際、こんな経験をしたといいます。

> 火葬後、祖母のお骨を子どもと骨つぼに移していて、ふと気づくと、さっきまでいたはずのうちの子と同年代のいとこたちが、誰もいなくなっていました。後でいとこの親の1人から、「子どもたちがショックを受けるかもしれないから」という理由で、別室に連れて行かれていたと聞きました。
>
> それぞれの家庭で教育方針は違うと思いつつ、こうした対応は適切なのだろうか、過保護なのではないかと気になってしまって…。

「トラウマになったらかわいそう」。そう思って、**ショックを避けるために、親が先回りして手を打つことは、あらゆるシー**

ンで見られます 。例えば、大ヒットしているアニメ映画に残虐な描写がある場合。低学年やそれより小さな子どもから「見たい」と言われた際、「本当に見せてもいいものだろうか?」と、迷うのもそうした心理によるものでしょう。

「子どもに怖い思いをさせたくない」という気持ちから、怖い出来事や情報そのものを遠ざけようとする親の行為は、そもそも正しいのでしょうか? 認知行動療法の専門家でスクールカウンセラーの松丸未来さんは、「子どもにとって、怖い出来事を見聞きすること自体は、そこまで問題ではありません。それ以上に 気を付けたいのは、子どもの感情にフタをしてしまうこと です」と話します。

子どもの感情を否定せずに受け止める

「例えば、たまたま子どもがテレビを見ていて、殺人事件などのニュースが流れてきたとします。もしも、繰り返し何度も同じ映像が流れているなら、子どもの脳に過度なストレスがかかる可能性があるので、チャンネルを替える必要があるでしょう。

ですが、そうではない場合、子どもがじっと画面を見つめていたり、『こわーい』などと言ったりしたことで、親が慌ててチャンネルを替えたりテレビを消したりしてしまうと、**子どもは『こういうことに興味を持ったり、思ったことを口にしたりするのはいけないことだ』と感じてしまう可能性がある** と思います。つまり、自分の感情にフタをしてしまうんですね」

感情にフタをさせないために、まずは親が子どもの感情を否定せずに受け止めることが大切です。

「例えば、怖いニュースが流れてきたなら『わー、怖いね…。こんな事件、もう起こってほしくないね』などと返すことが、子どもの感情を『受け止める』ということです。

親は子どもの楽しい、うれしい、好き、わくわくする、といったポジティブな感情であれば、そのまま受け入れることができても、**不安、恐怖、怒り、憎しみ、嫉妬、悲しみ、苦しみなどの『負の感情』になると、途端にうやむやにしたり、なかったことにしたりしてしまいがち** です。ですが、その感情自体がなくなるわけではありません」

> ## 思春期以降、子どもに変化が出てくる可能性も

長年子どものカウンセリングに携わってきた経験から、松丸さんは、**「負の感情」を受け止めてもらってきた子どもは、その後も壁にぶつかったときに、「なにくそ！」と踏ん張る力が養われやすい傾向がある** と感じています。

「思春期になると、ほとんどの子どもは何らかの葛藤を抱えます。ですが、自分の感じている負の感情を受け止めてもらえず、うやむやにされてきた子というのは、そうした葛藤の経験値が少なく、うまく自分の感情に折り合いをつけられないことが多いんですね。

A子さんのケースのように身近な人が亡くなったときにも、わが子が抱く喪失感や死への恐怖心などを親がしっかり受け止め、子ども自身がその感情に向き合える環境を用意してあげることがとても重要です」

よくあるシーンの親の対応、何が問題？

　日常の中で、親が無意識のうちに子どもの負の感情にフタをしてしまうことは、少なからずあります。例えば、次のようなシーンはよく見られるのではないでしょうか。

> 低学年になる子どもが、「おばけがいるかも」と
> 言って、1人でトイレへ行くのを怖がっています。
>
> あなたは料理中で手が離せないので、
>
> **「おばけなんているわけないんだから大丈夫、**
> **行っておいで！」**
>
> と声をかけました。

　「この声かけの何が問題かというと、せっかく、子どもが『怖い』という負の感情を口にしたのに、親が『大丈夫』と決め付け、その感情にフタをしてしまっていることです。さらに、『おばけは存在する』という、子どものイマジネーションまで否定してしまっていますよね。

こうしたときには、『えー！ おばけ来るかな。来たら怖い
ねー。嫌だねー』などと、**まずは子どもの『怖い』という感情
をそのまま受け止めてあげましょう。**具体的な対応を示すのは、
その次の段階です。その上で、『じゃあ、お母さんがここから、
おばけが来ないように見張っててあげるよ』などと勇気づけて
あげることが大切です」

　子どもがスマートフォンなどで残虐なシーンが含まれるコン
テンツに触れてしまった場合も、親は**「子どもの感情にフタを
しない」「なかったことにしない」「子どもが安心感を持つために
共感する」の3つを意識することが大切**です。

　「あえて子どもに残虐なシーンを見せることを推奨しているわ
けではありません。これは性教育と同じこと。性教育におい
ても『寝た子を起こすな』という発想で、性への興味そのもの
をなかったことにしがちです。これは負の感情そのものにフタ

をするのとよく似ています。

　そうではなく、そうした 負の感情を経験し、葛藤する中で、付き合い方を学んでいくことが大切 です。怖くて夜に眠れなくなったのなら、そのタイミングで負の感情を受け止めてあげればいいわけです。子どもは何度でもチャンスをくれます。先回りしようと焦る必要はなく、ゆったり構えて子どもの気持ちを受け止めることを最優先に考えてあげられるといいですね」

25 父避ける娘
低学年から対応見直し

目白大学教授・小野寺敦子さん

お出かけや習い事の送迎、宿題チェック…パパに頼もうとすると「ママがいい」と拒絶するのはなぜ?

「「ママがいい」という理由は?」

娘が未就学児の頃はパパにまとわりつくように甘えていたのに、低学年くらいになると、お出かけや習い事の送迎、宿題の丸付けや音読などをするときに「(パパよりも)ママがいい」と言うことはありませんか。

「パパにも子育てを分担してもらわなければ、仕事や家事が回らないのに…」と困っているママも多いかもしれません。娘はどうしてそういうことを言い出すのでしょうか。

目白大学心理学部心理カウンセリング学科教授の小野寺敦子さんは、次のように解説します。

「**小学校の6年間は子どもたちが心身ともに成長し、親子の関係性も大きく変化する時期**です。低学年の最初のうちは『親がいてくれないと困る』という状態だったのが、だんだんと友達を重視するようになり、子ども同士で公園に遊びに行く、といったことが増えてきます。『親にも甘えたいけれど、もう自立もし

Chapter
V

親子関係

父避ける娘　低学年から対応見直し

たい』という、アンビバレント（相反する考えや感情を同時に持ち葛藤する状態）な時期に入るんですね。

　そうした不安定な状態の中で、女の子は異性である父親を避け始めることが多いようです」

　もちろん「息子がパパを何となく避ける」「娘や息子がママを何となく避ける」ケースもあり得ますが、代表的な例が「娘がパパを何となく避ける」ケースです。

　「娘が本格的な思春期に突入してしまうと、軌道修正が難しくなる場合も。 まだ **関係を修復しやすい低学年のうちに、親のほうも対応をアップデートする必要があります**」

まずは「直接的な原因」を探る

　娘がパパを何となく避ける場合、まずは「直接的」な理由を考えてみましょう。

　「もしかしたら、『身だしなみが少しだらしない、清潔にしていない』『食べ方に違和感がある』など、**娘が生理的に受け付けられない理由があるのでは？**　それなのにパパが『まだまだ小さくて、かわいい○○ちゃん』と無理やり抱っこしようとしたり、『一緒にお風呂に入ろう』などと言ったりして、娘に嫌な思いをさせていることがあり得ます。

そうした点を、ママがパパに注意する際には、よほど言い方に気を付けないと、パパを傷つけたり、へそを曲げさせてしまったりするかもしれません。難しいところではありますが、まずは**直接的な原因を取り除く必要がある**と思います」

　次に原因となりやすいのが**「パパによるNGワード」**です。

　「例えば、九九の暗記でつまずいている娘に向かって『パパがその年齢のときにはすぐに全部言えるようになった』『テストは100点ばかりだった』というようなことですね。これは娘の自尊心を傷つけ、娘が心を閉ざす原因となります」

　代表的なNGワードをいくつか紹介しましょう。

● 他者と比較する
　「パパが同じ年齢のときには、こんな問題は
　全部できた」
　「お姉ちゃん（お兄ちゃん）は、こんなことは
　一度もなかった」

　つい言いがちな言葉ですが、ママがうまく間に入って「パパって、どうやってそんなに早く九九を覚えられたの？」などとパパを持ち上げる手もあります。それで本当に効果的な勉強法が分かれば一石二鳥です。

● 頭ごなしに否定する

「とにかくダメと言ったらダメだ」

「どうして、こんな簡単な九九が覚えられないんだ」

娘には娘の言い分があるので、頭ごなしに否定しないこと。「九九が分からないのは、どの段から?」と聞き、「一緒に覚えようか」といった声かけをしましょう。

● いろいろなことをまとめて叱る

「宿題しないで、遊んでばかりいるから
ダメなんだ」

「前にも言ったのに、どうしてできないんだ」

あれこれ注意したくなりますが、叱るときは「1つだけ」「手早く」がポイントです。娘に「パパは口を開くと、うるさいことしか言わない」と思われると、避けられる原因となります。

実はパパではなく「ママ」が原因の場合も

では、直接的な原因が見当たらない、それほどNGワードを連発しているわけでもない…といった場合は、どうしたらいいのでしょうか。 実はそんなとき **ママの態度が原因になっている**ケースもあります。

「例えば、夫婦共働きでママも忙しいのに、『自分ばかりが育児や家事で大変』『もっと分担してほしい』といった **パパへの不満が、言動の端々に表れている場合** です。娘はママの気持ちを敏感に察します。それでママに同調してパパを避けるようになっていると考えられます」

　そんなとき、ママは「パパの家事や育児」を褒めることは難しくても、「パパの仕事や働きぶり」を褒めることならできるのではないでしょうか。

　「もしもパパ本人に不満があったとしても、『パパってこんな仕事をしているんだよ』『パパがこういう仕事をしているおかげで、世の中の○○に役立っているんだよ』と褒めることはできます。親が何の仕事をしているのか分からない子どもも多いと思います。ママがうまく間に入って、夕食のときにでもそうした

和やかな会話ができるといいですね」

また、**ママ本人がパパに不満を感じているなら、夫婦間での対話も必要**です。

「夫婦間の育児・家事の分担は一朝一夕に変えられないかもしれませんが、例えば習い事の送迎や夕飯の買い物など、ちょっとしたことをパパと娘に頼むことから始めましょう。そうすればパパと娘はその時間にコミュニケーションを取ることができます。ママも自分の時間が少しでもできて助かりますよね。

本格的な思春期になってから『パパと2人で出かけてきて』と娘に言っても難しいですから、低学年のうちから慣らすようにしておきましょう。もちろん、休日や長期休暇に家族で旅行に行く、キャンプに出かけるといった中で、パパとの時間を増やすこともおすすめです」

こうした時間は、娘とパパの関係性を育むだけでなく**「ふとしたときにパパが話したこと」が娘の心に残り、将来を考えるヒントとなる場合もあります。**

「私自身の父親は昔気質で、家庭内では暴君のような人でした。それでも父が『一生続けられる仕事を探しなさい』と言ったことがきっかけとなり、心理学を学び始めました。私の娘はパパと一緒に美術展に出かけたことが思い出に残り、学芸員の仕事に就きました。

もちろん、ママが話したことも将来を考えるきっかけになります。**大事なのはママ・パパの双方からいろんな話題や価値観に触れること**だと思います」

親子関係が「最後までやり抜く力」を育てる

家庭内の雰囲気をよいものにし、親子が良好なコミュニケーションを築いておくことは、子どもの発達にとっても大切です。

小野寺さんとワコールが調査した「10歳キラキラ白書 2020年度版」(調査期間:2019年8月〜20年1月／調査概要:5〜18歳の女子 3895人(10歳＝436人)、9〜15歳の男子 1735人(10歳＝254名) ／方法:インターネット調査)では、**母親との良好な関係が「エゴ・レジリエンス力(嫌なことや落ち込むことがあったとき、柔軟に考えて対処する『自分を調整する力』のこと)」や「自尊感情」を高め、「最後までやり抜く力」を育んでいる** ことが明らかになっています。

また、10歳男女ともに8割以上が「男子の家事参加」を当然とし、同じく10歳男女の7割以上が「女性が将来結婚して、子どもが生まれても仕事は続けたほうがよい」と考えていることが分かりました。

「子どもが小さいうちからママが働く姿や、パパが育児・家事に関わる姿を積極的に見せたほうがいい」と小野寺さんは言います。

「**自分の両親がよいロールモデルとなれば、子どもも精神的に安定して成長でき、将来に夢が持てる** はずです。共働き家庭はママもパパも大変ですが、2人で協力して、家庭内の雰囲気をよいものにできるといいですね」

すでに娘とパパがこじれている場合は

もしも今、すでに娘とパパの関係がギクシャクしている、会話がない…といった場合でも、関係は修復できます。

「それは **娘を傷つけた、気に障る言動をしたと思ったら『素直に謝る』こと** です。パパも人間ですから、失敗や失言はあるでしょう。でも、そんなとき父親としてのプライドや威厳に固執せず、素直に『ごめん』と言うことができれば、少しずつでも関係は回復していきます。『えっ、そんなこと?』と思うかもしれませんが、これがなかなかできないパパも多いと思いますよ。

ぜひ、本格的な思春期を迎える前に、親子の信頼関係を築いておくようにしてください」

子どもの
健康・発育に
悩んだら

運動不足、低身長、
低体温、視力低下…。
子どもの健康や発育の
悩みとどう向き合う?

成長期の運動不足は骨の強度に悪影響

早稲田大学教授・鳥居俊さん

小学生と運動の関係。「100年時代の体」支えるために意識すべきこととは？ 運動習慣支える食事と睡眠

小学生の運動能力・時間が低下している

「現代の小学生の運動能力は、水準の高かった昭和50 〜60年代に比べて低下しています」と早稲田大学スポーツ科学学術院教授のスポーツドクターで、子どもの運動能力の発達に詳しい鳥居俊さんは話します。

1964年（昭和39年）以来、スポーツ庁により「全国体力・運動能力、運動習慣等調査」（※）が実施されてきました。その中で子どもたちの運動能力についても、「握力」「50ｍ走」「立ち幅跳び」「ソフトボール投げ」など決まった項目で調査が行われています。この調査の結果、子どもの運動能力の低下が見られるという指摘があります。鳥居さんは、**そもそもの課題は「運動時間の減少」**だと言います。

「子どもの運動時間の減少は日本だけでなく他の先進国も抱える課題です。その理由としては、塾通いなどのほか、テレビや電子ゲームなどに費やすスクリーンタイムと呼ばれる時間が増えていることが考えられます。**日本の調査結果では、体育**

（※）2015年以前の調査は文部科学省が実施

の時間以外の運動時間が0分という小学生も存在します。

　この運動時間には、外遊びの時間も含まれています。つまり体を動かす外遊びを好むはずの小学校時代にもかかわらず、**外遊びを全くしない子が一定数いる** ということです。ここまで運動の機会が少ないということは、健全な体を作る上で大きな問題です」

　こうした子どもたちの運動量の低下は、成長期の子どもたちにどのような影響があるのでしょう。

420分／週の運動量が理想だが…

　次のページの図はスポーツ庁が実施した、2022年度の小学生の「全国体力・運動能力、運動習慣等調査」で、調査対象となった小学5年生の体育の時間を除く1週間の総運動量時間についてのグラフです。このグラフで、注目すべき点が2つあります。

　「1つ目は、グラフが右に向かって下がっていく点です。小学生の場合、体育の時間以外に1日当たり60分以上の運動量が好ましいとされ、1週間では420分以上の運動量が望まれます。

　けれども、調査の結果は **男女ともに1週間当たり420分を切っている子どもが多く、男子で49.9%、女子で70.8%** という結果でした。さらに1週間当たりの運動量が60分未満という子どもの内訳の中には、男女ともに運動量が0分という子どもが

3 ～ 5%いました」

過度に運動量が多いことも問題

　一方、2つ目の注目点は、運動不足とは逆に過度な運動量の
子の存在です。

体育の時間を除く1週間の総運動量時間

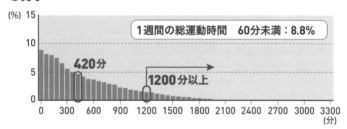

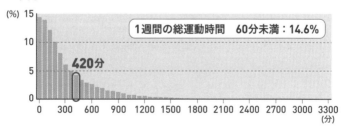

出典：「令和4年度全国体力・運動能力、運動習慣等調査結果」より抜粋（スポーツ庁）

「特に男子では『1週間に1200分を超える運動量』の子がそれなりにいて、グラフが右に向かって長く続いている点が気になります。

1200分の場合、1日当たり約3時間の運動です。もし毎日3時間遊んでいるということであれば問題ないのですが、平日は他の子同様に60分程度の運動をしているだけの場合、**土日にまとめてかなりの量の運動をしている可能性も。これは、小学生にしては運動量が多すぎる印象**です」

こうした過度な運動量の子の存在は、プロスポーツのクラブチームなど、子どものうちからコーチが見ている専門的な環境でスポーツに励む子が一定数出始めている結果ではないかと鳥居さんは分析します。このように運動量が過度に多い傾向があると、むしろケガにつながりやすいという注意も必要です。

運動不足では「100年時代」の体を支えられない

運動量が少なすぎる子・多すぎる子の両方に注意点があることを見てきましたが、課題が大きいのは運動量が多い子よりも少ない子だと鳥居さん。「特に**成長期の運動不足で1番の問題は、骨の強度（骨密度）が強まりづらいこと**です」と指摘します。

「思春期に身長が最も伸びることは皆さんご存じの通りです。伸びが増加する時期には個人差がありますが、男子で6年生ごろ、女子はもう少し早く4年生ごろからです。身長を決める要素

成長期の運動不足は骨の強度に悪影響

はさまざまで、最も大きいのが遺伝的要素となります。運動不足の子でも、両親の身長によっては、そこそこの身長にまで伸びることは可能ですが、問題は骨の強度です。

　骨は身長増加のピーク時を中心とした4〜5年間に強度が蓄えられます。個人差はありますが、男子で5年生、女子で3年生ごろがそのスタート時期に当たります。骨の強度を高めるために必要になってくるのが、適切な栄養と運動の両方です。

　　低学年期からの運動習慣がない場合、仮に遺伝によって身長は高くなったとしても、骨密度の低い弱い骨になってしまう可能性 が高まります。骨密度が低いと、骨折などのケガが多くなるだけでなく、年をとってから寝たきりの原因にも。『人生100年時代』といわれる長い人生の健康を支え続けることができません」

　さらにこの時期の運動不足は、骨だけでなく、筋肉量にも影響します。

　「成長期は骨の他にも筋肉量なども大きく増えていく時期です。 適切な運動によって、必要な筋肉量を身に付けることは、疲れにくい体にし、体力を付けていく上でも大切 なことです。とはいえ、筋肉は大人になってからでもトレーニングによって多少取り戻せます。その点、骨は大人になってから取り戻すことができません」

「たかが遊び」が支える生涯の健康

　骨の強度が蓄えられる年になっても、それまでに運動習慣がなければ、体は動かせません。だからこそ「低学年の早い時期から体を動かす習慣づくりをしてほしい」と鳥居さん。

ポイント

● 骨の強度が蓄えられ始める時期は男女で異なる。
　男子で5年生、女子で3年生ごろから

● 適度な運動をしなければ、身長は伸びても、
　骨密度が高まりづらい

● 骨密度は大人になってから取り戻すことができない

　「だからといって特別なことは必要ありません。鬼ごっこやボール投げなど普通の外遊びを楽しめればいいのです。**必要なのは1日60分以上。**学校の休み時間や放課後遊びの時間に遊べば無理なくクリアできる運動量です。『たかが遊び』と思うかもしれませんが、今、楽しく遊ぶことが『生涯の健康』につながると考え、積極的に外遊びをさせてください。

　もし学童などに通っていて、平日の放課後は外遊びがしにくいという子の場合は、土日に意識して外遊びの機会を作ってあげてください」

　遊びの習慣に加えて、食生活と睡眠時間も整えることが大

肥満・痩身別に見た運動能力（総合評価）の割合

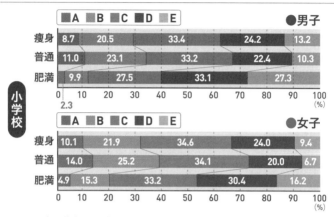

A～Eは全国体力・運動能力、運動習慣等調査の総合評価を5段階に分けたもの。
評価の最も高い群から順にA、B、C、D、Eとなり、もっとも評価の低い群がEとなる

肥満・痩身別に見た1週間の総運動時間

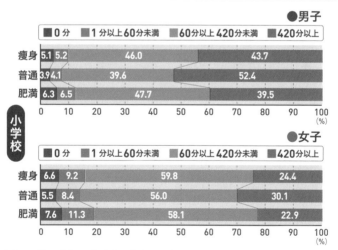

出典：いずれも「令和4年度全国体力・運動能力、運動習慣等調査結果」より抜粋（スポーツ庁）

切です。同じ「全国体力・運動能力、運動習慣等調査」（調査対象、小学校5年生）では、運動能力、運動時間と、体格（痩身・普通・肥満）との関係も調べています（左のグラフ）。

　ここから読み取れる結果は、体格が『普通』の子は、体力テストの結果がよく、さらに1週間の総運動時間が長い傾向があるということ。逆に『肥満』（肥満度20％以上）の子は、体力テストの結果が悪く、さらに1週間の総運動時間も少ないという結果でした。

　肥満だから運動が苦手で運動時間が少なくなったのか、それとも運動時間が少ないから肥満になり、運動能力が低下したのかなど、因果関係は分かりません。ただここから読み取れるのは、**適切な体格を意識することも運動習慣の維持には必要**だということです」

1日の平均睡眠時間と体力合計点との関係についての下のグラフもあります。

1日の平均睡眠時間と体力との関係

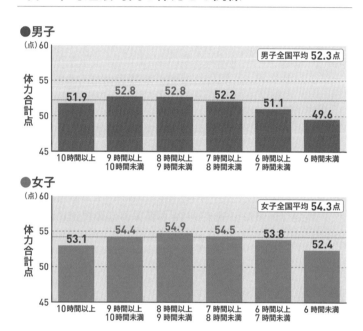

●男子

男子全国平均 **52.3**点

（点）
体力合計点

10時間以上	9時間以上10時間未満	8時間以上9時間未満	7時間以上8時間未満	6時間以上7時間未満	6時間未満
51.9	52.8	52.8	52.2	51.1	49.6

●女子

女子全国平均 **54.3**点

（点）
体力合計点

10時間以上	9時間以上10時間未満	8時間以上9時間未満	7時間以上8時間未満	6時間以上7時間未満	6時間未満
53.1	54.4	54.9	54.5	53.8	52.4

出典：「令和4年度全国体力・運動能力、運動習慣等調査結果」より抜粋（スポーツ庁）

　これによると男女共に平均睡眠時間が7時間を切っていくと、体力点数が落ちていきます。つまり、十分な体力を維持するためには、適切な睡眠時間も必要だということです」

　上のグラフからは、調査対象となった5年生は8〜10時間程

度の睡眠時間が最適だと分かります。 **低学年の子の場合は10時間程度の睡眠時間が望ましい** とされています。

　「健康な体をつくっていくためには『運動・食事・睡眠』の3つのバランスが大切です。 **過度な間食を避け、1日3度の栄養バランスの整った食事を取れているか、十分な睡眠時間を確保できているか**、ぜひ家庭でも見直してみてください」

> **ポイント**
>
> ● 低学年のうちに外遊びの習慣を身に付ける
>
> ● 8〜10時間程度の睡眠時間を確保する
>
> ● 過度な間食を避け、1日3度の栄養バランスの整った食事を取れているか、食習慣を見直す

成長期の運動不足は骨の強度に悪影響

27 運動能力に影響も 土踏まずの育て方

足のクリニック 表参道院長・桑原靖さん

低学年は土踏まずづくりの大切な時期。歩く、走る、跳ぶで足の筋力を付け、甲、かかと、底の3面で支えられる靴を選ぶ。足についてオープンに話す習慣も

(土踏まずの形成が進む低学年で大切なこと)

　子どもは赤ちゃんの頃は、地面に足をべったりと着けて歩きます。これは赤ちゃんの足の骨はやわらかい軟骨成分が多く、筋力も弱いので、土踏まずがないためです。**土踏まずとは、足の裏のアーチ状の部分のことで、立ったときにバランスを保ったり、体重を支えたり、歩く、走る、ジャンプするといった動きのときに衝撃を吸収したりする役割**があります。

　幼児になり動きが活発になるにつれて、足は成長し、骨の数がそろってきます。土踏まずも3〜4歳ごろから少しずつできはじめます。しかし、幼児はまだ軟骨が多く、アーチを支える筋力も弱いので、立ったり歩いたりするときは、土踏まずが潰れて（アーチ状がなくなって）しまっています。そのため、幼児期になっても土踏まずは分かりにくい状態です。

　足のクリニック 表参道院長の桑原靖さんは「子どもの骨が硬くなり、大きく成長して大人の足のような形状になるのは、10

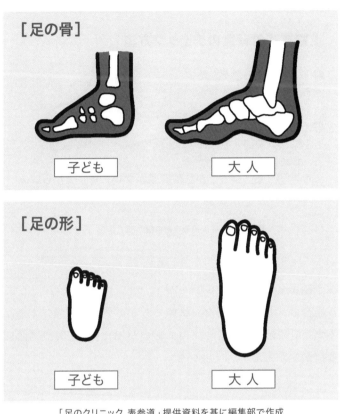

[足の骨]

子ども　　　大人

[足の形]

子ども　　　大人

「足のクリニック 表参道」提供資料を基に編集部で作成

歳から中学生くらい。同時に土踏まずの形も決まってくるので、その前段階である **低学年のころに足に合った靴を履くこと、運動をして足に筋力を付けることはとても大切** です」と話します。

　子どもの土踏まずが育ってきているかどうかは、次の方法でチェックできます。

土踏まずの有無のチェック方法

❶子どもをまっすぐ立た
せる。目線は前方を見る。

❷土踏まずの部分に、指
を2本、第1関節まで入れ
て、土踏まずが持ち上が

るか確認する。持ち上がれば問題がない。持ち上がらない
場合は「こんなときは扁平足かも？」もチェックを。

「足のクリニック 表参道」提供資料を基に編集部で作成

　土踏まずが持ち上がらないことに加え、下記のようなことがある場合は、土踏まずがない状態である扁平足（へんぺい）の可能性があります。扁平足だと、運動能力に影響が出たり、筋肉や関節に負担がかかったりしてしまいます。

こんなときは扁平足かも？

❶ 夜、寝る前にふくらはぎに痛みを訴える

❷ 走るのが極端に遅い

❸ 疲れやすく、長く歩いたり走ったりできない

❹ 姿勢が悪い

❺ 後ろから歩き方を見た場合に、
　　足を外側から内側へと回しながら歩いている

大切なのは筋力をつけることと靴選び

土踏まずのアーチは、ふくらはぎの筋肉が支えています。

「**低学年であまり足を使わないと、筋力が付かず土踏まずがしっかりと形成されにくくなってしまいます。** 日常的に運動を取り入れましょう」

特別な運動は必要ありません。できるだけ車に乗らずに普段より長い距離を歩いてみたり、近所をジョギングしたり、縄跳びしたりするなど、足を使うことを意識します。「親も一緒にチャレンジして、コミュニケーションの機会にしましょう」

運動する際には足に合った靴を履くことも大切です。「低学年の子どもの足は半年に約5mm成長します。**半年に1度は靴のサイズを見直す** ようにしましょう」

靴選びで重視すべきポイントは次のページの通りです。サイズが大きすぎたり、足を3つの面でしっかりと支えられない靴は避けるようにしてください。

「スリッパを履いて歩くとき、脱げないように足に力を入れますね。サイズが大きい靴や、足を覆う部分の少ないサンダル、ビーチサンダルを履いたときもそのような状態になりませんか?

普段からそういった靴を履いていると、日常的に足に余計

靴選びで重視すべき点

- 甲、かかとと、足裏のアーチの3つの面で
  足をしっかり支える形状であること

- 靴のかかと部分がしっかりとしていて、
  かかとにフィットすること

- 甲はひもや面ファスナーなどで調節でき、
  足の形状にフィットさせることができること

- 爪先は固定されず、指を動かせる余裕が
  あること

- アウトソール（靴底。地面に着く側）がしっかり
  としていて、指の付け根部分で曲がる柔軟性も
  あること

- アウトソールのデザインが「左右対称」なこと

**な力がかかることになり、筋肉の付き方がアンバランスになって
しまう** 恐れがあります。サンダルやビーチサンダルを履きた
いときもあると思いますが、海水浴やプールのときだけにしま
しょう。

　また、最近は、アウトソール（靴底）のデザインが非対称の靴
がありますが、それでは左右非対称な歩き方になってしまいま
す。日常的に履くのは、アウトソールが左右対称のものを選ぶ

ようにしてください」

　気になる靴のサイズの合わせ方は次のポイントを参考にしましょう。

サイズの合わせ方

● かかとを合わせて靴を履き、立ち上がって
　足の甲に体重をかける

● 靴のかかと部分がしっかりとしていて、
　かかとにフィットすること

● 指に力が入ったり、曲がったりしていないか確認
　する。爪先のゆとりは、1番長い指より5mm〜
　1cm必要。このときのサイズが靴のサイズになる

　「**試し履きの際は、必ず立った状態でサイズを確認**しましょう。足は立っている状態では5mmくらい大きくなるからです。また、子ども靴は足幅が広いものが多いのですが、足幅が細い子が幅広の靴を履くと、足が左右に動いてしまい、やはり足に余計な力が入ってしまいます。幅が細いものを選ぶか、インソール（中敷き）を入れて調整してください」

　大人の足のトラブルで多いのが「たこ（魚の目）」ですが、子どもは体重が軽いので、たこができることはほとんどありません。
　「もしも本当にたこができていたら、靴が合っていないのか

もしれません。まれに、親指の付け根の内側にたこができている子がいます。その場合は、骨格の問題で歩き方に異常がある可能性があるので、専門の医療機関を受診しましょう」

上履きが足に合っているかも気を付けて

上履き選びも大切です。

「小学生が１日の中で１番長く履いている靴が上履きです。土踏まずを育てるために、上履きも足に合ったものを履きましょう。自由に選べる場合は、バレエシューズタイプではなく、**甲の部分でフィット感を調節できるスニーカータイプを選ぶとよい**ですね。

学校指定で決まっている上履きが足に合わない場合は、学校の先生に相談したり、インソールで調整したりします。体育館で履く靴についても同様です」

桑原さんのクリニックでは、学校側から求められた診断書に「足に合う上履きを履かせる必要がある」と書くこともあるそうです。

土踏まずがない場合、骨格異常の可能性

「土踏まずの有無のチェック方法」（P256）で土踏まずが持ち上がらなかった場合は、扁平足の疑いがあります。

「扁平足は、単に土踏まずがないだけではなく、骨格に異常がある場合があります。専門的な治療をしないでいると、**体のバランスが崩れて、筋肉や関節に負担が掛かってしまいます**」。「こんなときは扁平足かも？」（P256と下）に当てはまる項目がないか、日常的に気を付け、必要に応じて専門の医療機関を受診しましょう。

こんなときは扁平足かも？

❶ 夜、寝る前にふくらはぎに痛みを訴える

❷ 走るのが極端に遅い

❸ 疲れやすく、長く歩いたり走ったりできない

❹ 姿勢が悪い

❺ 後ろから歩き方を見た場合に、
　足を外側から内側へと回しながら歩いている

運動能力に影響も　土踏まずの育て方

❶にあるように、寝る前にふくらはぎを痛がるというのは、なぜ起こるのでしょうか。

「土踏まずがない場合、足裏のアーチを引き上げるために、ふくらはぎの筋肉が使われているためです。足裏とふくらはぎの筋肉はつながっています。立ったり走ったり、歩いたりしているとき、ふくらはぎの筋肉は、足裏にアーチをつくろうとして、足裏を引き上げています。その結果、ふくらはぎの筋肉が疲れてしまうのです。

子どもは日中活動しているときは痛みをあまり自覚しません。そのため、活動が終わって寝る前に痛みを訴えるのです。**親は成長痛だと思って見逃しがちなのですが、扁平足が隠れている可能性**があります」

土踏まずは走ったり、歩いたりするときの衝撃を吸収する役割を果たしています。しかし、扁平足だと、❷❸❹のように走るのが極端に遅かったり、疲れやすくて長く歩く・走るができなかったり、姿勢が悪くなったりすることがあります。そのままにしていると、運動能力が低いわけのではないのに、運動に対する苦手意識がついてしまったり、運動能力を伸ばしたりできなくなる可能性があります。

このようなことがある場合は、**合わない靴を履いている可能性もあるので、靴の見直しを。**それでもトラブルが続く場合は、専門の医療機関を受診しましょう。

「❺のように、後ろから歩き方を見た場合に、足を外側から内側へと回しながら歩いている場合は、骨格に問題があることが考えられます。年少〜年中の頃に親や保育者が気づいて受診することが多いのですが、まだの場合は、早めに受診したほうがいいですね。子どもの歩き方や姿勢を動画で撮影して、持っていくと診断の参考になります」

インソールで土踏まずを支える

整形外科で扁平足を治療する際には、子どもに合ったインソールを作成することがあります。

「一人ひとり、足裏の型を取って、立体曲面に適合させたインソールを作ります。下からインソールで支えることで、アーチが潰れなくなり、歩く、走る、跳ぶなどの運動がしやすくなります。その結果、子どもが本来の運動能力を発揮し、さらに伸ばすこともできるようになります」

足裏を洗う習慣を付けよう

低学年の子どもの足を健康に保つ上で、他にどんなことに気を付けるとよいのでしょうか。桑原さんは、「足裏を毎日洗うことを習慣付けましょう」と話します。

「お風呂で体や顔は毎日洗っても、足裏や足指まで洗っている子は少ないのではないでしょうか。しかし、子どもの足のトラ

ブルで意外と多いのが足の『いぼ』です。スイミングの更衣室
など、はだしで過ごす場所でうつるのでしょう」

　保育園や学童など、子どもがはだしになることは意外と多い
ものです。成長しても、部活やジムの更衣室など、はだしにな
る場面はあります。

　「うつるのを避けることは難しいので、**皮膚に付いたいぼのウ
イルスが体に侵入する前に洗い落とすことが1番の予防** にな
ります。そのためにも毎日足を洗う習慣は大切です」

　小学校高学年から中学生になると、巻き爪の子どもも増えて
きます。

　「思春期で体重が増えたり、部活や習い事で指定された靴
が足に合わなかったりすることが原因となります。思春期以降
は、子どもは体のトラブルを親に相談しづらいと感じるため、か
なり悪化してから受診することが多いです。

　そうならないために、**低学年のうちから、足をはじめとする体
のトラブルや悩みについてオープンに話す習慣をつくっておく**
とよいですね。それと同時に、子どもの足の状態や歩き方、走
り方も定期的にチェックしてあげてください」

28 子の身長を伸ばすため 家で唯一できること

希望の森 成長発達クリニック院長・望月貴博さん

思春期で身長を大きく伸ばすことは可能？ 最終身長を予測する4つの方法。治療という方法も

最終身長はある程度の予測が可能

　わが子が小柄な場合、「そのうち大きくなるよ」「パパも中学に入るまで身長が低かったから大丈夫」などと言われることがあるかもしれません。こうした言葉を信じて待っていて大丈夫なのでしょうか。

　「子どもの身長が気になる親が、『パパは中学生になって背が伸びた』話や『もう少し時間がたてば何とかなる』という話に心が揺れる気持ちはよく分かります。けれども結論から言うならば、**子どもの身長が大きく伸びる時期は一度きり**です。

　『来るかもしれない、大きく伸びる時期』を待ったりせず、早めに受診することをおすすめします」。このように話すのは、小児の内分泌疾患の専門医で子どもの低身長に詳しい、希望の森 成長発達クリニック院長の望月貴博さんです。

　「来るかもしれない、大きく伸びる時期」を待つべきではないのは、仮に父親が中学で身長が大きく伸びたとしても、子ど

Chapter
VI

健康・発育

身長を伸ばすため家で唯一できること

もの身長には両親の遺伝的要素が影響するからです。

「身長には親の遺伝が影響します。子どもの身長に悩んでいる場合の多くは、両親の双方、もしくはどちらかが平均よりも小柄というケースが目立ちます。父親が中学以降大きく背が伸びていたとしても、仮に母親が小柄な場合は必ずしも子どもが父親と同じように背が伸びるということにはなりません。また、まれに背が高くならない原因に、何らかの疾患があることもあります」

両親の身長から割り出す計算方法

　一方で、**子どもの最終身長はある程度予測可能**です。身長予測には4つの方法がありますが、それぞれに限界もあるため、病院では4つの予測の結果から総合的に判断します。

　身長予測の方法の1つが、**両親の身長から計算する方法**です。

最終身長予測の計算式

男の子
（父親の身長＋母親の身長）÷2＋6.5cm

女の子
（父親の身長＋母親の身長）÷2－6.5cm

「子どもの身長は両親からの遺伝的要素が多いので、ある

程度は両親の身長から予測することが可能です」

　ただし、この予測方法は両親ともに平均値という人ほど誤差が出にくくなります。**両親の片方もしくは双方が平均から外れている場合には、限界がある**といえるでしょう。

　「父親が180cmで母親が150cmとどちらも平均から外れる場合、子どもが左の計算式で算出した身長になるかというと、そうではありません。両親どちらかの遺伝的優位性が出るため、父親に似て大きくなるか、母親に似て小柄になるかのどちらかなのです」

> ## 成長曲線から最終身長を予測

　両親の両方、もしくは片方が平均的な身長から外れ、身長計算の対象になりにくい場合に参考にしたいのが、2つ目の**「成長曲線から予測する方法（投射法）」**です。成長曲線で自分の子どもの身長の曲線の最終地点である17歳すぎあたりを見るという簡単なものです。

　次のページの図にあるように、同じ年齢の子どもの身長の平均値からどれくらい離れているのかを表すスコアをSDといいます。SDが「－2SD」以下だと医学的には「低身長」、「＋2SD」以上だと「高身長」と分類されます。やや小柄で、正規分布上で「－1SD」に位置する子は、成長曲線で記される最終身長から5cm低く、同様に＋1SDの子も5cm多く予測します。

成長曲線から身長を予測する投射法

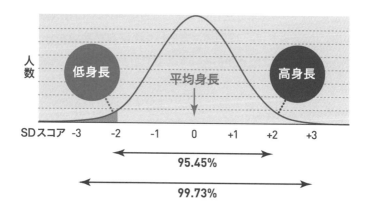

平均身長を0とし、それに対しどのくらい高いか、低いかで身長分布を表したグラフ。
望月さん提供資料を基に編集部にて作成

　ただし、この成長曲線からの予測方法は、思春期が来るタイミングによって左右される点が限界でもあります。なぜなら、思春期に入るタイミングが遅ければ遅いほど、最終身長が伸びるからです。

　「**思春期は成長ホルモンの分泌量が増えるため、大幅に身長が伸びます。**思春期期間中の身長の伸びは、平均身長の男子で合計30cm、女子で25cm程です。思春期の開始時期は、男子の平均が10 〜 13歳、女子の平均が8 〜 12歳。そこから約3年が身長獲得の大きい期間です。女子の場合は乳房が膨らみ始めてから初潮までの間を指します。

ただ、10歳前後の時期の子はもともと、年間5cmほど身長が伸びるので、10歳で思春期が開始するよりも11歳で開始するほうが、10歳時に獲得する5cm分が高くなります」

　そこで、**思春期の開始時期から最終身長を予測することもできます。** これが身長を予測する方法の3つ目です。

　そして4つ目が、**レントゲンなどで判断した骨年齢から最終身長を予測** するというもので、医師はこれら4つを総合的に判断した上で最終身長を予測します。

睡眠・食生活・運動で背は伸びるのか？

　「このように身長予測は可能なものの、背が伸びるかどうかの資質はすでに現時点の身長に表れます。そのため、小学校低学年時点の背丈のクラス内の順位が、この先大幅に変わるということはあまりなく、**思春期での一発逆転は一部の例外を除いて期待できません**」

　睡眠・食生活・運動などといった生活習慣の工夫で、身長を伸ばせる可能性はないのでしょうか。

　「子どもの健全な成長・発育のために、睡眠・バランスのよい食事・運動習慣が大切なことは事実です。ただし、『たくさん眠れば必ず背が伸びるのか？』と言われれば必ずしもそうともいえません。また『牛乳をたくさん飲めば必ず背が伸びる』と

いうものでもないのです。

　これらは子どもにとって絶対的に必要なことではあるものの、必ず背を伸ばす因子にはならないと考えてください。また、背が伸びることをうたうサプリメントも販売されていますが、エビデンス（根拠）のある特効薬はありません」

　そんな中、**唯一家庭でできるのが、子どもの体重管理** です。思春期に入る時期が遅いほど最終身長が高くなるので、思春期が遅くなることは背を伸ばすために有効です。思春期に入る時期を決める要素は遺伝もありますが、体型も大きく影響するからです。

　「肥満傾向が思春期を早めることが分かっています。肥満傾向の子は思春期に入る時期が早くならないように、標準体

重から肥満度＋5％に近い体重をキープするといいでしょう。逆に痩せ傾向の場合も必要な栄養が不十分になってしまいます。 **幼児期のうちに、最低でも低学年のできるだけ早めの時期に標準体重に近づくよう、整えておくこと** が理想です」

自費診療は病院選びと時期がポイント

身長を確実に伸ばすことができる唯一の方法は、成長ホルモン治療 です。

「低身長の子の場合、原因として、時に重篤な疾患が見つかるケースもあるので、気になる場合は早めに受診をして検査を受けることが大切です。疾患が見つかったり、**医学的に低身長と診断される『−2SD以下』の子でさらに、成長ホルモン分泌量不足や思春期早発症（通常より早い低学年のうちに第2次性徴とよばれる体の変化が始まる）が見つかった場合は、保険治療** を進めていきます」

ちなみにここでいう「体の変化」とは、男子は精巣が大きくなる、陰毛が生える、女子は乳房が膨らむ、初潮が始まる、といったことを指します。

治療効果が出やすいのは思春期が始まる前です。低学年であれば、すでにその時期に入っているケースもあります。気になっている場合は受診して相談してみてください。ちなみに、望月さんによると、**治療の副作用は心配ない** とのことです。

「ホルモン剤はすでに30年以上使われていて、海外でも国内でもデータが蓄積されている安全な薬の1つと考えてよいと思います。

中には『ホルモン剤の使用でがんになる』という話を聞いたことがある人もいるかもしれません。しかし、ホルモン剤の使用でがんになるのではなく、『もともと持っていたがんが発症する』というものです。専門医のクリニックでは必ず治療開始前には検査をするため、心配の必要はありません」

一方、「－2SD以下」だったとしても特に異常がなく「体質的に背が低い」、「ちょっと小柄」という子が治療を受ける場合は、保険適用外になります。現在の保険制度では「－2SD以下」の子でも多くの子が保険適応外になってしまうのが現状です。自費診療で気になるのが費用です。

「主な治療内容は家庭での毎日の成長ホルモンの注射になります。その薬代が非常に高く、昔は1年間で1千万円ともいわれていましたが、薬価も下がってきています。体重によって必要な薬の量が変わるのですが、参考までにうちのクリニックでは、体重30kgの子が1年半～2年間治療をした場合で250万～300万円です」

自費診療は病院（入院患者用ベット20床以上）では受けられないことが多いため、民間のクリニックを受診することになります。

「クリニックによって自費診療の価格差が大きく、営利性が高いクリニックほど高額になる傾向があります。何より **医師の技量によって治療成果も大きく変わってきます。** もし自費診療を選ぶ場合は、価格、技量双方の面からも日本小児内分泌学会に属しているような専門医を選ぶことをおすすめします」

29 低体温が招くリスク 「温活」で解消

イシハラクリニック副院長・石原新菜さん

**季節の変わり目こそ要注意。低体温化の3つの原因と
3つの温活ポイント。運動系の習い事がおすすめな
理由は？**

日本人の平熱は70年で1℃低下

わが子の体に触れてみたら、意外と冷たくて驚いたという
経験はないでしょうか？「実は **日本人の平熱はこの70年間で
0.7〜1℃ほど下がっている** のです」と話すのは、冷え・低体温
問題に詳しい温活ドクター・イシハラクリニック副院長の石原新
菜さんです。2人の女の子を育てている母親でもある石原さん
は、最近よく見られる子どもたちの低体温化について次のよう
に話します。

「娘たちが保育園に通っていた頃、園では毎朝検温がありま
したが、そのときに幼児でも36℃台前半の子がいたり、中には
35℃台の子どもいたりすることを知り、驚きました」

石原さんによると、70年ほど前に実施された統計研究では、
日本人の平熱の平均は36.8℃でした。ちなみに **平熱の定義は
36.55℃〜37.23℃** です。

「今は36℃台前半の人が増えていて、37℃あると病気だと捉えるようになってきていますが、もともと37℃は平熱の範囲だったのです」

最近はアレルギー体質の子どもや、便秘や疲れなどといった体の不調を訴える子どもが増えてきていることも、こうした低体温化とつながっていると石原さんは指摘します。

「『冷えは万病のもと』と言われる通りで、**子どもの冷えを放置しておくことは、免疫力を低下させ、健康リスクの増大**にもつながります。逆に言えば、体温を上げることで、体質改善もでき、アレルギー症状や便秘症状を緩和させることも可能です。

イキイキとした毎日を過ごすためにも、子どもが小さなころから、子どもを冷えから守るための『温活』に取り組んでほしいと思います」

低体温化の3つの原因

子どもたちの **低体温化の原因には、遺伝的体質の他、環境因子が大きく影響** していると石原さん。低体温化の主な原因は次の3つです。

【低体温化の原因 ❶】運動不足

「昔の子どもたちは外で自由に遊んで過ごしていましたが、今の時代、防犯上の観点からも子どもたちが自由に体を動かし

て遊べる場所が少なくなっています。その結果、室内でゲームなどをして過ごす時間が増えたり、小さいうちから習い事や塾に通って過ごす時間が増えたりして、運動量が減っています」

　こうした **運動量の減少が低体温化の最大の原因** です。

　「体温の約40%は、筋肉を動かすことによってつくりだされています。体を動かす機会が少なかったり、筋肉量が少なかったりすることは、低体温化に直結します。大人でも男性よりも女性の方が冷え症の人が多いのは、まさにこの筋肉量の差によるものです」

【低体温化の原因 ❷】食生活の変化
　生活様式の西欧化も、低体温化を後押し していると石原さんは言います。その1つが食生活です。

　「従来、日本人は野菜を食べる際は、煮物やおひたし、漬物などにしてきました。けれども、ここ数十年の間に手軽に食べられる生野菜のサラダが食卓に上がるようになりました。こうした生野菜は体を冷やす作用があります。この他にもバナナ、パイナップルといった果物や冷えた麦茶など、体を冷やす食品が、通年で食卓に上がるようになっています」

　体を冷やす食材を食べることは、内臓の働きを鈍くし代謝を低下、低体温につながってしまう と石原さん。この他、白米、白砂糖といった精製食品を多く取ることも、冷えを招く要因と

なります。

　「白米や白砂糖などは精製される過程で、ビタミンやミネラルなどがそぎ落とされてしまっています。人が運動をすると代謝が上がり体温も上がるのですが、その代謝酵素の働きを助けているのがビタミンやミネラルです。つまり、ビタミン、ミネラルの摂取量が減ることは、代謝酵素の働きにも関わるのです」

【低体温化の原因 ❸】湯船につからないこと

　低体温化を後押しする生活様式のもう1つの西欧化が、入浴時に湯船につからずに、シャワーだけで済ますこと。

　「最近は、夏はもちろん冬もシャワーを浴びるだけで入浴を済ませている人も少なくありません。**シャワーで温まるのは体の表面のみで、体の芯から温めることはできません**」

　小さいころから身に付けたい大事な健康法

　子どもの低体温化を防ぐためには、こうした背景を視野に入れて生活を改善していくのがよいと石原さん。具体的な改善方法として、3つのポイントを教えてもらいました。

【低体温の改善法 ❶】運動と十分な睡眠

　「運動をして筋肉量を増やすこと、そして筋肉を動かすことが、温活の基本です。私自身、子どもたちを育てる中で、運動習慣を付けることが生涯にわたって最も大事な健康法だと考え

Chapter VI 健康・発育

低体温が招くリスク 「温活」で解消

277

ています。

　子どもが補助輪なしで自転車に乗れるようになった4歳ごろ
から、私がジョギングをする際には自転車で一緒に走らせるよ
うに。子どもが走れるようになってからは、今に至るまで一緒に
ジョギングをしています。**運動が得意でない子は、小さいうちか
ら運動系の習い事を通じて、運動習慣を身に付ける** ことをおす
すめします」

　しっかり体を動かし、おなかをすかせてご飯を食べ、夜は
ちゃんと寝るというサイクルを身に付けさせることも重要だと言
います。

　「睡眠不足の子は低体温の子が多いというデータがあります。
起きている時間が長いということは、交感神経が優位な時間
が長いということ。交感神経が優位だと血管は収縮し、血流
が悪くなり冷えにつながります。

　しっかり寝て副交感神経が優位になっている時間を確保
することで、血流もよくなり、免疫力も高まります。**小学校低学
年であれば9〜10時間くらいの睡眠時間が好ましい** ですね」

【低体温の改善法 ❷】夜に発酵食品を食べる

　「生活習慣の西欧化が低体温化の背景にあると言いました
が、なぜ西欧人はよくて日本人にはダメかというと、体格が異
なるからです。日本人に比べて骨格が大きく筋肉量が多い西

欧人は、体を冷やす食材を食べたり、シャワーだけで入浴を済ませたりしても大丈夫でも、日本人では冷えてきてしまうのです」

　だからこそ日本人の健康を長い間支えてきた伝統食がよいと石原さん。

　「特におすすめなのは **栄養価が高くて吸収されやすく、体を温めて免疫力を上げる作用がある発酵食品** です。夜は腸が活性化するゴールデンタイムです。 **発酵食品の整腸作用を生かすためにも、夜に発酵食品を食べる** とよいですね。

　手軽に取れる発酵食品といえば味噌。おすすめは味噌汁です。朝も温かいスープを飲んで体を温めることが好ましいので、忙しい共働き家庭であれば、夜に2食分の味噌汁をまとめて作り、朝・晩2回味噌汁を食べられるといいですね。その他、納豆など、手軽に取り入れられる発酵食品をうまく使って食生活を整えてほしいと思います。

　ちなみにわが家は寒い時期のおでかけの際、汁だけの味噌汁を水筒に入れて持ち歩いていました」

【低体温の改善法 ❸】下半身を重点的に温める

　「クーラーの中で過ごす夏場は、とても体が冷えています。**夏でも40℃のお湯に10分間は入る** ようにしてください。体が温まると血流が増えるので、冷えて機能が低下した臓器を回復させることができます」

その他、服装にも注意が必要です。**心がけるべきは「頭寒足熱ファッション」**だと石原さん。

　「寒い季節だけでなく、気温の高い夏季や初秋であっても、長時間クーラーの中で過ごす場合は、薄着のファッションでは体を冷やします。基本的には、どの季節であっても**上半身は脱ぎ着して調整できるものを着用し、下半身は冷やさないような服装**を心がけてほしいです。

　特に、女の子がスカートを着用する際には、下にオーバーパンツをはくようにしてください。子どものうちからおなかの冷えを蓄積していくと、将来的に、子宮筋腫や卵巣のう腫、不妊といったトラブルを招きやすくなると考えられます。

　また、子どもは室内で靴下を脱ぎたがる傾向がありますが、**足首は冷やしたくないので、レッグウォーマーを**着用するのもいいと思います」

　特に冷えに気を配ってほしいのは睡眠時です。「冷たい空気は重く、部屋の下の方にたまるため、寝ている時間帯は体が冷えがちです。おなかを冷やさないためにも、**腹巻きは通年の必須アイテム**です。子どもが暑がって嫌がる場合は、寝た後に親が着用させるのでもいいでしょう。

　綿100%素材だと通気性も確保されていいですね。必ずしも長袖・長ズボンのパジャマを着せる必要はありませんが、おなか

だけは冷やさないよう、普段から気を付けてほしいと思います」

　クーラーの中で過ごす夏はもちろん、季節の変わり目も注意が必要です。

　「日中の気温が高いとつい油断をしてしまいますが、秋から冬への季節の変わり目は温度差が激しく朝晩は冷えます。腹巻きやレッグウォーマーなどを使ってしっかり対策をしてください」

　これらの3つの対策を実践すれば、体温は上がるはずだと石原さんは語ります。

　「大人でもしっかり運動をして、生活習慣や服装に気を付ければ2週間で1℃も体温が上昇する人がいます。成長期で筋肉をつくっている子どもの方が体温は上がりやすいかもしれないので、ぜひトライしてみてください。毎日元気いっぱいに過ごせるようになるはずですよ」

30 近視の進行予防は低学年での対応が鍵

国立成育医療研究センター眼科診療部長・仁科幸子さん

視力1.0未満の小1は約4人に1人と増加の一途。6〜
8歳は特に目の負担の影響を受けやすく、放置は危険。
子ども眼鏡の正しい選び方は?

小1〜3で近視になる子が増加

「最近の研究で、**子どもの視力低下が進みやすいのは、小学
1〜3年生ぐらいの時期**だと分かってきました。実際、小学校
低学年に近視のお子さんが増えています」。こう話すのは、子
どもの目の病気に詳しい国立成育医療研究センター小児外科
系専門診療部 眼科診療部長の仁科幸子さんです。

2022年7月に文部科学省(以下、文科省)が発表した「令和
3年度学校保健統計調査」の速報値(11月に確報値を発表)
によると、裸眼視力1.0未満の子どもの割合は、小学校1年生
で約4人に1人、小学3年生で約3人に1人でした。

黒板の字を読むには0.7以上の視力が必要で、裸眼1.0未満
だと近視の可能性が高いとされます。つまり、**小学1年生でも
約4人に1人が近視かもしれない**、というわけです。

「子どもの近視を予防したり、進行させないためには、6〜8

歳の時期をどう過ごすかがとても重要です」

また、**デジタル機器の使いすぎは、黒目が内側に寄ってしまう内斜視になりやすい** ことも問題になっています。

「もともとの弱視や斜視がある場合、治療で一旦は改善していても、視聴時間が増えることで再び悪化することもあるので注意が必要です」

多少、視力が落ちても子どもが不便を感じていなければ、放っておいても大丈夫なのでは？ と思うかもしれません。しかし、低年齢で近視が進行すると、将来、目にさまざまな影響が出てくるといいます。どのようなリスクが考えられるのでしょうか。

低学年からの近視で成人後に表れるリスク

低年齢から近視がどんどん進行した場合、大人になったときに「強度近視」になる可能性が高い と仁科さんは言います。

「平均的な成人の眼軸の長さは24mmで、26.5mm以上になると、近視の中でも特に度数の強い『強度近視』と呼ばれる状態になります。強度近視になると、大人になってから失明につながる目の病気のリスクが高まります。

その後の **発症リスクとしては、緑内障14倍、網膜剥離が22倍、黄斑変性は40倍** に。また、発症時期も30 〜 40代と早く

なり、まだ働き盛りのうちに視力が失われてしまう可能性もあります」

　もともと東アジア人は遺伝的要素で近視になりやすく、日本人も例外ではありません。近視を防ぐ、あるいは近視の進行を止めるには、環境的要素を排除していくことが大切です。そのなかで最も有効なのは、デジタル機器の画面を見る時間を減らすこと。

　「**デジタル機器の使用は、1日1時間以内が理想**です。使うときは、デジタル機器と目は30cm以上離して見る、30分間使ったら5分間休憩する、休憩時には20秒間遠くを見る、寝る1時間前には見ないといった基本的な対策をぜひ徹底してください。

　学校では、デジタル教科書の使い方がまだ標準化されていないのが現状です。デバイスを使う授業数が多い場合は、『30分間使ったら5分間休憩』というルールを取り入れてもらうなど、目の健康に配慮してもらえるように学校側にお願いするのも1つの方法です」

屋外で過ごす時間を増やすのも有効

　もう1つ、近視対策で有効なのは、「屋外で過ごす時間を増やすこと」です。

　「右のページにあるように**近視の主な原因は『眼軸長の伸**

近視の主な要因は「眼軸長の伸び」

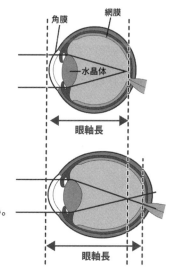

正規の状態

眼軸の長さが正常。
網膜にピントが合う。

角膜　　　網膜

水晶体

眼軸長

近視の状態

眼軸長が長いため、
網膜にピントが合わない。

眼軸長

「眼軸長」とは… 角膜から網膜までの眼球の奥行き

眼軸長とは角膜から網膜までの眼球の奥行きで、いわば "目の長さ"。眼軸長が長くなるほど近視になり、眼軸長が伸びる原因として、近くを長時間見続けることが挙げられます。この眼軸長の伸びが、特に外部からの刺激を受けて影響を受けやすいのが、6〜8歳の低学年の時期だといいます。

「体の成長とともに眼軸長も少しずつ長くなっていきますが、6〜8歳は眼軸長が伸びやすく、この時期に近くを見続ける時間が長くなると、眼軸長が過度に伸びてしまいます。コロナ下で小学1〜3年生に近視の進行が多くみられたのも、長引く自粛生活で、スマホやゲーム機などのデジタル機器を使う時間が長くなったことが最大の原因といわれています」(仁科さん)

仁科さん提供資料を基に編集部で作成

Chapter
VI

健康・発育

近視の進行予防は低学年での対応が鍵

び』です。**光の刺激によって網膜でドーパミンという物質の代
謝が変わり、眼軸長が伸びにくくなります。** 中国や台湾では、
子どもの近視が増加していることを問題視して、学校で2時間
の屋外での活動時間を設けたところ、近視の進行を防ぐことに
成功したという報告もあります」

　昨今の小学生は、公園でもゲーム機やスマホを持ち寄って
遊ぶ姿が見られますが、せっかく屋外で過ごすのだから、デジ
タル機器を使わずに過ごしてほしいもの。同じ至近距離を見る
遊びでも、砂遊びなどは一点を凝視するわけではないので、目
の健康には影響がありません。

　「**眼軸長が伸びやすい6〜8歳の時期は、逆に言うと、予防
対策が効果を上げやすい時期** でもあります。低学年のうちに、
対策を実行していくことがとても大切です」と仁科さんは強調
します。

眼鏡を作るときは、必ず眼科で処方箋を

　小学校では年に1度、視力検査が行われます。そこで近視
の疑いがあった場合、プリントなどで保護者に通知があるはず
なので、それを持って眼科を受診しましょう。

　「視力検査の結果は1つの目安にすぎません。子どもの目の
見え方が悪いのは、本当に近視のせいなのかどうかも含めて、
必ず眼科医に診てもらってください。裸眼0.3で遠視という場

合もあります」

　子どもの近視の治療は、眼鏡で見え方を矯正するのが標準的です。

　「**一度伸びた眼軸長は元に戻ることはなく、視力を回復させることもできません。近視と診断されたら、眼鏡をかけましょう。** 眼鏡をかけずにいると、黒板の字が見えにくくなったりすることで学習効率が落ちてしまいます。

　また、将来的にピント調節機能に影響が出て遠くが見えなくなったり、斜視や寄り目になってしまったりすることも。近視が進んでから、急に度の強い眼鏡をかけると、物がゆがんで見えたりして、慣れるまでに時間もかかってしまいます」

　ちなみに、「眼鏡をかけると、近視が進む」というのは、医学的には根拠のない話 。「ちょうど近視が進みやすい時期と眼鏡をかけ始めた時期が一致しただけなのでは」と仁科さんは話します。

　眼鏡を作るときは、眼科で調節麻痺薬の点眼を用いた精密屈折検査を受けて、度を決める必要があります。眼科医が作成した処方箋を持って、信頼できる眼鏡店へ。**眼鏡作製のプロフェッショナルである「眼鏡作製技能士」がいるところが安心**です。眼鏡作製技能士は、従来の認定眼鏡士に変わり、2022年度からスタートした国家資格です。さらに子どもの顔の特徴

に合ったフレームを揃えていて、子どもの眼鏡の作製に適した
眼鏡店を選ぶことが重要です。

眼鏡のフレーム選びのポイントは

子どもの眼鏡のフレームを選ぶときのチェックポイントは、次
の4つです。

正しい子どもの眼鏡の選び方

● フロントが顔幅に合っているか

● レンズの中心と目の中心が合っているか

● パッド(鼻あて)が鼻にフィットして、
　ずり落ちてこないか

● テンプル(フロントからこめかみを経由し、
　耳にかける「つる」の部分)が長すぎないか

「特に、レンズの中心と目の中心が合っていないと、度が
合っていても見えにくくなります。同じ度のレンズでも眼鏡に
よって子どもの見やすさが異なる場合、見えにくいほうはレンズ
と目の中心が合っていない可能性が高いです。眼鏡をかけた
ときにレンズ部分が大きすぎたり、細すぎたりするものは、中
心が合いづらく子どもには不向きです。いくつか試して、ファッ
ション性よりも子どもの顔の形や大きさに合うことを優先して選

びましょう」

　眼鏡を作ったら、眼科で子どもの目に合っているかどうか点検してもらうことも大切 です。

　「眼鏡をいやがるときは、ゆがんで見えるなど見え方に違和感があるのかもしれません。子どもの目に眼鏡が合っていない場合、眼鏡を作った店で、レンズを作り替えるなど調整してもらいます。また、半年に1度は、近視が進んでいないか、眼科で定期的に診てもらうことも必要です。近視が進んでいたら、レンズを変えましょう」

　視力の矯正には、コンタクトレンズという選択肢もありますが、「つけっぱなしで角膜を傷つけてしまうこともあるので、自己管理ができる高校生ぐらいからがおすすめ。**コンタクトへの**

近視の進行予防は低学年での対応が鍵

移行は、**眼鏡をきれいに使えていることを判断材料** にすること
があります」と仁科さんは話します。

　また、**近視の進行の予防には、低濃度アトロピン点眼、就寝
時に専用のレンズを装着するオルソケラトロジー** といった治療
法があります。

　「いずれも **近視予防の標準治療ではなく、健康保険の適用外**
です。低濃度アトロピン点眼はシンガポールで子どもへの有
効性が認められたという研究報告があります。オルソケラトロ
ジーは6歳から適用されますが、適切に管理していないことが
原因で角膜炎になったケースも。ベネフィットとリスクをよく検
討しましょう」

監修者一覧（本書登場順）

01 小関俊祐（こせき・しゅんすけ）
桜美林大学リベラルアーツ学群准教授

1982年山形県生まれ。桜美林大学大学院心理学実践研究学位プログラム
兼任。博士取得（学校教育学）。子どもを対象とした認知行動療法を中心と
して、主に学校、家庭、地域における臨床実践・研究を推進。小学校から高校
における学級集団を対象としたストレスマネジメント、学校における特別支援
教育の支援方法の検討などを中心に研究と臨床を行う。東日本大震災以降、
被災地での心理的支援も継続。

02 西山恵太（にしやま・けいた）
CURIO SCHOOL 代表取締役

京都工芸繊維大学にて製品デザインを専攻、京都大学経営管理大学院修了。
2011年に野村総合研究所にて経営コンサルタントとして新規事業開発支援や
官公庁の政策調査・実行支援プロジェクトに従事。15年にCURIO SCHOOL
を立ち上げ。武蔵野美術大学非常勤講師。

03,12,16 石田勝紀（いしだ・かつのり）
教育デザインラボ代表理事、教育評論家

1968年横浜生まれ。20歳で起業、学習塾を設立。これまで4000人以上の
生徒に直接指導。「心を高める」「生活習慣を整える」「考えさせる」の3つを柱
に、いわゆる詰め込み勉強とは一線を画す指導で学力を引き上げる。横浜市教
育委員会高校改革委員、文部科学省高校生留学支援金制度の座長を務め、生
徒、保護者、教員を対象とした講演会、企業での研修も多数実施。2016年か
らは「カフェスタイル勉強会〜 Mama Cafe」という頑張るママのための子育
て・教育勉強会を主宰。『同じ勉強をしていて、なぜ差がつくのか？ 「自分の頭
で考える子」に変わる10のマジックワード』（ディスカヴァー・トゥエンティワン）
など著書多数。

04 狩野みき（かの・みき）
慶応義塾大学、東京芸術大学、ビジネス・ブレークスルー大学講師、考える
カイニシアティブTHINK-AID主宰、子どもの考える力教育推進委員会代表

慶応義塾大学大学院博士課程修了。30年近くに渡って大学などで考える力・伝
える力、英語を教える。『世界のエリートが学んできた「自分で考える力」の授
業』（日本実業出版社）、『ハーバード・スタンフォード流　子どもの「自分で考
える力」を引き出す練習帳』（PHP研究所）など著書多数。

05 田中博史（たなか・ひろし）
授業・人塾代表

公立小学校の教諭を経て、1991年より筑波大学付属小学校教諭、2017年から同学校の副校長を務める。19年3月に退職後、教師教育に取り組む「授業・人塾」の代表を務めている。専門は算数で『かんじるさんすう1，2，3！』（Eテレ）の出演など、算数のカリスマ教師として知られる。『絵解き文章題』『4マス関係表で解く文章題』（以上、学研プラス）など家庭向け学習ドリルの監修や開発も行う。近著は『子どもと接するときにほんとうに大切なこと』（キノブックス）、子ども向け学習漫画『学力ぐ〜んとアップシリーズ　わくわく算数忍者』全7巻（文溪堂）。

06 帆足暁子（ほあし・あきこ）
親と子どもの臨床支援センター代表理事、公認心理師、臨床心理士、
保育士、幼稚園教諭一種免許

2020年1月まで、約20年間ほあしこどもクリニック副院長として、子育てや心の相談で子どもや親と向き合ってきた経験を基に、同年4月に親子を支援することを目的とした親と子どもの臨床支援センターを開設。著書に『0、1、2歳児愛着関係をはぐくむ保育』（学研プラス）など。

07 東ちひろ（ひがし・ちひろ）
子育て心理学協会代表理事、子育て心理学オフィスひがし代表取締役、
公認心理師、スクールカウンセラー

幼稚園講師、小学校教諭、中学校相談員、教育委員会勤務を経て現職。教育に携わって30年。これまでのべ2万人以上に講座・相談実績がある。心理学とコーチングを使った独自のアプローチ法で100％の子どもの状況が好転し、不登校児童生徒の75％が完全に学校復帰。子どものタイプに合わせた即効性があるアドバイスは、「たった1回のアドバイスで、子どもがやる気になった」「怒ってばかりだった自分が信じられないほど穏やかになった」と好評。『「言うことを聞かなくなってきた子」の育て方　思春期に入る前に知っておきたいこと』（PHP研究所）など著者多数。

08 赤坂真二（あかさか・しんじ）
上越教育大学学校教育専攻科教授、学校心理士

1965年新潟市生まれ。2003年上越教育大学大学院修士課程修了。19年間の小学校勤務を経て、08年4月より現所属。教員養成にかかわる一方で、「現場の教師を元気にしたい」と執筆や全国での講演活動を行う。主な著書に『先生のためのアドラー心理学 勇気づけの学級づくり』『赤坂版「クラス会議」完全マニュアル 人とつながって生きる子どもを育てる』（以上、ほんの森出版）、『友だちを「傷つけない言葉」の指導〜温かい言葉かけの授業と学級づくり』（学陽書房）など。

09　竹内明日香（たけうち・あすか）
一般社団法人アルバ・エデュ代表理事、NRS社外取締役、
一般社団法人未来の先生フォーラム理事

東京大学法学部卒業。日本興業銀行(現みずほ銀行)にて国際営業や審査など
に従事ののち独立し、海外投資家向け情報発信や日系企業のプレゼン支援を
提供して今日に至る。2014年、子どもの「話す力」の向上を目指す一般社団
法人アルバ・エデュを設立。23年現在、教員研修を主軸とする話す力を育むプ
ログラムを12の自治体に導入、5万2000名が受講。公立小元PTA会長。二
男一女の母。著書に『すべての子どもに「話す力」を』(英治出版)。監修に
『99%の小学生は気づいていない!?　話す力』(Z会、23年10月発刊予定)。

10　篠原信（しのはら・まこと）
農業研究者

農学博士。京都大学入学と同時に塾を主宰。不登校児、学習障害児、非行少
年などを積極的に引き受け、10年間でおよそ100人の子どもたちに向き合う。
2000年に大学教員となり、01年に農業研究者に。06年から12年間にわたり
名古屋大学の学生を研究指導。ボランティアで育児相談や子どもの学習指導、
市民講師などを務め、現在も継続中。著書に『子どもの地頭とやる気が育つお
もしろい方法』(朝日新聞出版)など。2児の父。

11　高濱正伸（たかはま・まさのぶ）
花まる学習会代表、NPO法人子育て応援隊むぎぐみ理事長

熊本県立熊本高校卒業後、東京大学に入学。1990年同大学院修士課程修了
後、93年に「作文」「読書」「思考力」「野外体験」を重視した、小学校低学年
向けの学習塾「花まる学習会」を設立。算数オリンピック作問委員。『考える力
がつく算数脳パズル　図形なぞペー《小学1年〜3年》』(草思社)、『マンガで
わかる! 10才までに遊んできたえる算数脳めいろ260』(永岡書店)など著書・
共著書・監修書籍多数。

13　石井知哉（いしい・ともや）
QLEA教育事業部部長、School Post主宰、進路アドバイザー、
メンタルトレーナー

塾指導歴約25年。豊富な経験に基づく独自の理論とメソッドで、小学生の補
習から大学受験や大学生の就職対策まで、幅広い教科、年齢・学力層にわたり、
個々の成長を引き出す指導を得意とする。「教育の目的は幸せな人生を歩むた
めの力の養成」をモットーに、『高校受験ナビ』『マイナビ中学受験ナビ』『ソク
ラテスのたまご』などのメディアにて、目先の点数や合否を超えた長期的・多角
的な視点から知見を発信。メンタルトレーナーとして、コンサルティングやコー
チング、カウンセリングを通じて、自己肯定感を高める活動も行う。

⑭ 菊池洋匡（きくち・ひろただ）
中学受験専門塾「伸学会」代表

開成中学・高校卒業。慶応大学法学部法律学科卒業。算数オリンピック銀メダリスト。10年間の塾講師歴を経て、2014年に「伸学会」を開校。教科指導以外に「ホームルーム」という独自の授業を実施し、スケジューリングやPDCAといったセルフマネジメントの技術指導や成長するマインドのあり方を育てるコーチングを行っている。共著書に『「やる気」を科学的に分析してわかった小学生の子が勉強にハマる方法』（実務教育出版）。

⑮ 中島美鈴（なかしま・みすず）
臨床心理士、公認心理師

心理学博士。専門は認知行動療法。九州大学大学院人間環境学府博士後期課程修了。肥前精神医療センター、東京大学大学院総合文化研究科、福岡大学人文学部などの勤務を経て、現在は九州大学大学院人間環境学府にて学術研究協力員。著書に『悩み・不安・怒りを小さくするレッスン「認知行動療法」入門』（光文社）、『マンガでわかる　精神論はもういいので怒らなくても子育てがラクになる「しくみ」教えてください』（主婦の友社）など多数。

⑰ 藤枝静暁（ふじえだ・しずあき）
埼玉学園大学大学院心理学研究科教授、博士（心理学・筑波大学）、小・中学校教諭免許状、公認心理師、臨床心理士

教育心理学・発達心理学を専門として、子どもの社会性、特にソーシャルスキルの獲得について研究。コロナ禍で増加している不登校・登校しぶり・虐待予防にも力を入れる。著書・共編著書・監修書に『対人援助職のための発達心理学』（北樹出版）、『子どものためのソーシャルスキルブック』（少年写真新聞社）、『不登校・登校しぶり　親子によりそうサポートBOOK』（ナツメ社）など。

⑱ 日高みちえ（ひだか・みちえ）
公認心理師、日本臨床心理士認定協会認定 臨床心理士

九州大学大学院教育学研究科博士課程単位取得退学。法務省矯正局職員として少年鑑別所、刑務所などで29年間勤務し、非行少年や犯罪者、その家族などに関わってきた。現在は西九州大学大学院、東亜大学大学院において非常勤講師として犯罪心理学関係の科目を担当。ウェブサイト「ひだかあさんの犯罪心理学」で非行や犯罪に悩む人や犯罪心理学に関心のある人に向けて情報を発信し、個別相談にも応じる。著書に『お母さんは刑務所でおつとめ：仕事と子育てについてのエッセイ』（Kindle本）がある。

⑲ 鈴木邦明（すずき・くにあき）
帝京平成大学人文社会学部児童学科准教授

1995年、東京学芸大学教育学部小学校教員養成課程理科専修卒業。2017年、放送大学大学院文化科学研究科生活健康科学プログラム修了。公立小学校に22年間勤務し、学級担任としてさまざまな子どもたちと関わる。現場での長年の実践経験を基に、幼保小連携や実践教育をテーマとする研究論文を多数発表し、教員・保護者向け教育関連情報サイト「学びの場.com」で11年からコラムを連載。現在は指導者の育成に軸足を移し、准教授として帝京平成大学人文社会学部児童学科に在籍。

⑳ 加藤善一郎（かとう・ぜんいちろう）
小児科医、小児神経専門医、医学博士、
岐阜大学大学院医学系研究科小児科学教授

岐阜大学医学部卒、小児科学教室へ入局し臨床研修。岐阜大学大学院医学研究科修了（医学博士）、奈良先端科学技術大学院大学バイオサイエンス研究科、ハーバード大学への留学などを経て大学病院・関連病院での臨床医・研究者として日々を過ごしている。2021年に開校した不登校特例校「岐阜市立草潤中学校」で「こころの校医」を務める。著書に『マンガ　脱・「不登校」』（学びリンク）など。

㉑ 掛井一徳（かけい・かずのり）
臨床心理士、愛知学院大学　特任講師、かけい臨床心理相談室

山梨県の精神科病院での6年間の勤務の後、かけい臨床心理相談室を開設。山梨県や静岡市、名古屋市のスクールカウンセラーとして活動。2011年には東日本大震災の石巻ボランティアセンターにて心のケアチームとして、また南三陸町にて国際医療NGOのコミュニティーカフェで活動。協働に向けた学校現場での対応、子どものストレスケア、災害時の心のケア、解決志向アプローチなど教育関係への研修、講演を行っている。

㉒ 芳川玲子（よしかわ・れいこ）
東海大学文化社会学部心理・社会学科教授、公認心理師、
臨床心理士、学校心理士スーパーバイザー

東京大学大学院教育学研究科修了後、神奈川県平塚市教育研究所教育相談員、横浜国立大学大学院教育学研究科助教授などを経て、現職。専門は学校カウンセリング、臨床心理学。カウンセラーとして日々多くの園児・児童・生徒、教師の相談に乗る。横浜市学校問題解決チーム委員、厚木市青少年教育相談センタースーパーバイザーなど、社会活動も多数。著書に『学校心理士の実践―幼稚園・小学校編』（共著、北大路書房）など。

㉓ 永谷研一（ながや・けんいち）
発明家、行動科学専門家、ネットマン代表取締役社長

行動科学や認知心理学をベースに1万5000人以上のデータを検証・分析し、目的達成のための行動習慣化メソッド「PDCFAサイクル」を開発し、130社の人材育成に採用される。行動定着を支援するITシステムも開発し、日米で特許を持つ。長崎大学で教鞭をとるかたわら、子どもたちの自己肯定感と行動力を高めるための社会活動を行っている。著書に『できたことノート』『科学的にラクして達成する技術』（ともにクロスメディア・パブリッシング）など。4人の父。

㉔ 松丸未来（まつまる・みき）
臨床心理士・公認心理師

1975年東京生まれ。98年に英国レディング大学心理学部卒業後、上智大学大学院文学研究科心理学修士課程修了。現在は、東京認知行動療法センター心理士、東京都公立中学校スクールカウンセラー・私立小学校スクールカウンセラーなどを兼任。『子ども認知行動療法　不安・心配にさよならしよう！』（ナツメ社）の監修、『おかあさんにおはなししたいこと（あんしんゲット！の絵本シリーズ）』（ほるぷ出版）の原案・解説なども行う。

㉕ 小野寺敦子（おのでら・あつこ）
目白大学心理学部心理カウンセリング学科教授、心理学博士

東京都立大学大学院人文科学研究科心理学専攻博士課程修了。発達心理学、家族心理学、ポジティブ心理学に関する研究や、発達障がい児の支援、異文化に暮らす親子の支援などを行う。監修書に『パパのための娘トリセツ』（講談社）、著書に『女50代のやっかいな人間関係』（河出書房新社）など。

㉖ 鳥居俊（とりい・すぐる）
スポーツ整形外科医、早稲田大学スポーツ科学学術院教授、
早稲田大学発育発達研究所所長

東京大学医学部卒。整形外科専門医として、整形外科東大病院助手、東芝林間病院整形外科医長などを歴任。現在はスポーツ整形外科医、日本スポーツ協会公認スポーツドクターとして、ジュニアから大学生、トップレベルの選手までをサポートする一方、発育発達学などを研究。著書に『令和版　基礎から学ぶ！スポーツ障害』、監訳書に『ランニング解剖学』（ともにベースボール・マガジン社）など多数。

㉗ 桑原靖（くわはら・やすし）
足のクリニック 表参道院長

2004年埼玉医科大学医学部卒業。06年埼玉医科大学形成外科入局。創傷治療学、難治性創傷治療を専攻し、外来医長、フットケアの担当医師を務める。足に特化した医療機関の必要性に着目し、13年に足専門クリニックを開院。形成外科、整形外科、皮膚科、血管外科、リウマチ科など、足に関する各分野で専門的な医療を提供。足の総合的な治療とケアを行っている。

㉘ 望月貴博（もちづき・たかひろ）
希望の森 成長発達クリニック院長

内分泌疾患（低身長、下垂体・甲状腺疾患など）、消化器疾患（炎症性腸疾患）、夜尿症の専門医。大阪市立大学医学部卒業後、同大学医学部付属病院小児科にて研修医。大阪市立総合医療センター小児内科、大阪市救急医療事業団中央急病診療所副所長、大阪市立総合医療センター小児内科特別医官、大阪警察病院小児科を経て2017年より現職。日本内分泌学会、日本小児内分泌学会評議員。

㉙ 石原新菜（いしはら・にいな）
イシハラクリニック副院長、ヒポクラティック・サナトリウム副施設長、健康ソムリエ講師

1980年長崎県生まれ。小学校2年までスイスで過ごし、その後、高校卒業まで静岡県伊東市で育つ。帝京大学医学部を卒業後、同大学病院で研修医を経て、現在は、父、石原結實のクリニックで主に漢方医学、自然療法、食事療法による治療にあたる。分かりやすい医学解説と、親しみやすい人柄で、メディアでも幅広く活躍。ベストセラーとなった『病気にならない蒸しショウガ健康法』（アスコム）をはじめ、『「体を温める」と子どもは病気にならない』（PHP研究所）など著書多数。

㉚ 仁科幸子（にしな・さちこ）
国立成育医療研究センター 小児外科系専門診療部 眼科 診療部長

1989年慶應義塾大学医学部卒業。94年、国立小児病院眼科、2002年から国立成育医療センター眼科に勤務。専門は小児眼科で、特に弱視、斜視、先天白内障、緑内障、遺伝性眼疾患などの診断と治療を行っている。日本眼科学会評議員、国際斜視学会、日本弱視斜視学会、日本小児眼科学会理事。

DUALの人気特集・連載・セミナーの一例

特集 あの人に聞きたい！ グローバル基準の子育て

特集 「教育費」への配分、正解は？

特集 「今日は学校に行きたくない」
と言われたら

特集 令和時代の共働き家庭の
家の買い方

特集 子育て×スポーツ
わが子にとっての正解は？

特集 中学受験「しない」家庭の覚悟

連載 海外・国内 教育移住のリアル

連載 共働き中学受験　基本のキ

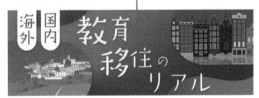

注目記事 「中受親」と「高受親」、両方経験して気づいたこと

注目記事 東大の推薦に合格した2人に聞く小中学校時代の過ごし方

セミナー 「中学受験のススメ」セミナー／高学年で失速しないための早期教育とは？（2023年1月27日にオンラインで実施）

セミナー 自分で学習する子の育て方～わが子を「自走」させるために親はどうする？（2023年5月26日にオンラインで実施）

【書籍】
中学受験の成功は、
幼児期・低学年がカギ！

「自走できる子」
の育て方

忙しい親＆受験させるか

迷っている親たちへ

「学力の土台作り」から考える

逆算式絶対合格のロードマップ

西村則康・辻義夫　共著
定価：本体 1,870円（10％税込）
四六判　296ページ
ISBN　978-4-296-20257-7

中学受験で伸びる子＝自分で勉強する子。

低学年から自走力を身に付け、「正しい逆算」で受験に備える
方法を、2人のプロ家庭教師が指南します。

【主な内容】

第1章　忙しい親こそ「正しい逆算」で受験に備える

第2章　受験成功のカギは「自走できる子」

第3章　「自走できる子」の親が家庭でやっていること

第4章　中学受験に必要な「学力の土台作り」―言葉・計算編―

第5章　中学受験に必要な「学力の土台作り」―実体験・学習習慣編―

第6章　低学年の時期こそ親ができる受験の下準備を

第7章　忙しい親の受験の悩みに答える16の金言

思考力・探究心・自己肯定感　AI時代を生き抜く力を育む
子育て30の極意

2023年8月7日　　第1版第1刷発行

発行者	佐藤珠希
編　集	工藤千秋／日経xwoman（藤中潤、蓬莱明子）
編集協力	海老根祐子、北川聖恵、小林浩子、須賀華子、武末明子、豊田里美、西山美紀、福本千秋、三浦香代子、安永美穂、山田真弓
発　行	株式会社日経BP
発　売	株式会社日経BPマーケティング 〒105-8308 東京都港区虎ノ門4-3-12
制作・本文デザイン	藤原未央
イラスト	KIKO
装　丁	小口翔平＋阿部早紀子（tobufune）
印刷・製本	図書印刷株式会社

©Nikkei Business Publications,Inc.2023　Printed in Japan
ISBN 978-4-296-20262-1